Klick! 10

Arbeitsheft

Schreiben, Lesen,
Rechtschreiben und Grammatik
in Beruf und Alltag

Erarbeitet von
Marion Böhme, Heike Huck,
Catherine Jaulgey, Martina König,
Martina Kolbe-Schwettmann,
Michaela Krauß, Michael Mumm,
Rosa Regenscheit, Heidrun Stahn,
Siegfried Wengert

Unter Beratung von
Nina Bähnk, Dorothee Braun

Inhaltsverzeichnis

Berufsorientierung 6–27

Sich über einen Beruf informieren

Einen Internettext lesen, Stichworte aufschreiben 6
Einen Internettext lesen, eine Tabelle ausfüllen 8

einen Internettext lesen
Stichworte aufschreiben
eine Tabelle ausfüllen

Training Sprechen: sich bewerben

Ein Telefongespräch vorbereiten: wichtige Hinweise 10
und eine Checkliste 11
Ein Vorstellungsgespräch vorbereiten: die Fragen 12
und wichtige Hinweise 13

eine Bewerber-Broschüre lesen
Fragen für ein Vorstellungsgespräch finden und formulieren
eine Checkliste schreiben

Was sind meine Rechte und Pflichten? – der Ausbildungsvertrag

Einen Berufsausbildungsvertrag lesen 14

einen Vertragstext lesen und verstehen
unbekannte Wörter klären
Nachschlagewerke nutzen

Was verdiene ich? – die Ausbildungsvergütung

Eine Tabelle lesen 20
Eine Abrechnung lesen 22
Abkürzungen und Fachwörter verstehen 24

diskontinuierliche Texte lesen (Tabelle und Abrechnung der Ausbildungsvergütung)
die Bedeutung von Fachwörtern klären
Abkürzungen verstehen

Das ist mein Arbeitsplatz!

Präpositionen wiederholen: Wo? 26
Präpositionen wiederholen: Wohin? 27

Präpositionen wiederholen

Wohnen, Haushalt, Gesundheit

28–39

Wie nehme ich das Medikament ein? – ein Beipackzettel

Worüber informiert ein Beipackzettel? 28
Die Abschnitte 29
Unbekannte Wörter klären 30
Den Inhalt erschließen 31
Das weiß ich über den Beipackzettel! 32

einen Beipackzettel lesen und verstehen
unbekannte Wörter klären
Nachschlagewerke nutzen
Evaluation (Selbsteinschätzung)

Wie wasche ich Wäsche? – eine Bedienungsanleitung

Eine Bedienungsanleitung lesen 34
Textilpflegesymbole lesen 37
Eine Tabelle lesen 38

kontinuierliche und diskontinuierliche Texte lesen (Anleitung, Tabellen)
Textilpflegesymbole lesen

Umgang mit Geld, Mobilität

40–53

Formulare ausfüllen

Meine persönlichen Daten 40
Eine Monatskarte beantragen 41
Den Personalfragebogen ausfüllen 42

die persönlichen Daten richtig schreiben
Formulare ausfüllen

Sich beschweren – eine Reklamation schreiben

Eine Reklamation schreiben: die Form 44
Eine Reklamation schreiben: die Sprache 46
Eine Reklamation schreiben und überarbeiten 47

einen Geschäftsbrief planen, schreiben, überarbeiten
Sprache, Inhalt und Form einer Reklamation beachten

Bankgeschäfte regeln – Informationen auswerten

Broschüren lesen und auswerten 48
Das weiß ich über den Umgang mit Geld! 52
Eine Checkliste schreiben 53

eine Informationsbroschüre lesen
Stichworte aufschreiben
eine Checkliste schreiben
Evaluation (Selbsteinschätzung)

Freizeit gestalten 54–61

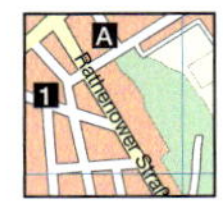

Wir fahren nach Berlin! – eine E-Mail schreiben

Eine offizielle E-Mail: die Form ... 54
Eine offizielle E-Mail: die Anrede ... 55
Eine E-Mail schreiben und überarbeiten ... 56

eine E-Mail planen, schreiben, überarbeiten
Sprache, Inhalt und Form einer offiziellen E-Mail beachten
Großschreibung der Anredepronomen

Wir fahren nach Berlin! – geografische Karten lesen

Einen Stadtplan lesen ... 58
Einen Liniennetzplan lesen ... 60

diskontinuierliche Texte lesen (Stadtplan, Liniennetzplan)

Sich informieren, sich engagieren 62–69

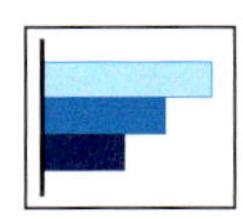

Wasserverbrauch, Wasserverschmutzung

Vom Wasserverbrauch und seinen Folgen: ein Zeitungsartikel ... 62
Den Textknacker anwenden ... 63
Den Sachtext verstehen ... 64
Unfälle mit Öl im Meer: ein Säulendiagramm ... 66
Badeseen bei Leipzig: ein Balkendiagramm ... 68

aus einem Sachtext Informationen entnehmen
Informationen auswerten, Inhalte zusammenfassen
diskontinuierliche Texte lesen (Balken- und Säulendiagramm)

Literatur lesen 70–83

Eine Ballade lesen und verstehen

John Maynard *(Theodor Fontane)* ... 70
Den Inhalt erschließen ... 72
Sprachliche Mittel untersuchen ... 74
Berichte vergleichen ... 76

die Ballade erschließen
sprachliche Mittel untersuchen
Informationen vergleichen

Eine kurze Geschichte lesen und verstehen

Ein Wochenende mit Folgen *(Kerstin Frainge)* ... 78
Den Inhalt erschließen ... 80
Das Präteritum und die wörtliche Rede wiederholen ... 82
Eine Fortsetzung schreiben ... 83

Texterschließung
die Zeitform Präteritum wiederholen
die wörtliche Rede wiederholen

Das kann ich! 84–93

Schriftlich argumentieren	84	Pro- und Kontra-Argumente erkennen die eigene Meinung formulieren und begründen
Einen Sachtext lesen Diagramme lesen	86 88	einen Sachtext lesen und verstehen Aussagen mit Textstellen belegen diskontinuierliche Texte lesen (Kreis- und Säulendiagramm)
Großschreibung Wörter mit Doppelkonsonanten Wortarten Wörter mit b/d/g am Ende	90 91 92 93	Wörter mit Doppelkonsonanten und Wörter mit b/d/g am Ende richtig schreiben Großschreibung (Satzanfang, Nomen, nominalisierte Verben) Wortarten (Nomen, Verben, Adjektive)

Zum Nachschlagen: Rechtschreiben und Grammatik 94

Abschreiben mit dem Satzprofi/ Stichworte aufschreiben 96

Sich über einen Beruf informieren

Einen Internettext lesen, Stichworte aufschreiben

Sergej interessiert sich für den Beruf des Gärtners der Fachrichtung Garten- und Landschaftsbau. Im Internet findet er folgenden Informationstext.

1 Wende den Schritt 3 vom Textknacker an.

→ Textknacker 3 die Abschnitte

Beruf: Gärtner/-in der Fachrichtung Garten- und Landschaftsbau

[redacted]

Gärtner/-innen der Fachrichtung Garten- und Landschaftsbau gestalten ganze Landschaften durch fachgerechtes Anpflanzen von Rasen, Bäumen, Büschen und Blumen. Sie legen Außenanlagen aller Art an, von Hausgärten, Terrassen und Parks über Spiel- und Sportplätze bis hin zu Verkehrsinseln, Begrünungen* an Verkehrswegen und in Fußgängerzonen. Sie pflastern auch die Wege und Plätze der jeweiligen Anlagen, bauen Treppen und Trockenmauern. Außerdem begrünen sie Dächer und Fassaden, legen Biotope** an und pflegen sie oder rekultivieren*** Mülldeponien**** und Kiesgruben. So tragen sie zum Umwelt- und Naturschutz bei.

[redacted]

Die Ausbildung zum Garten- und Landschaftsbauer dauert drei Jahre und findet im Betrieb und in der Berufsschule statt.
Im Betrieb erlernt man die praktischen Tätigkeiten, zum Beispiel:
- wie man Maschinen, Geräte, Werkzeuge einsetzt und wie man sie pflegt und instandhält;
- wie man Schädigungen an Pflanzen feststellt und die Ursachen dafür herausfindet.

Über die einzelnen Abschnitte ihrer betrieblichen Ausbildung führen die Auszubildenden ein Berichtsheft.
Während des theoretischen Unterrichts in der Berufsschule erwirbt man grundlegende Kenntnisse, zum Beispiel:
- über Pflanzen und ihre Verwendung,
- über die Organisation und Kontrolle von Bauleistungen und Arbeitsabläufen,
- über umweltbewusste Bau- und Pflegemaßnahmen.

Wichtige Fächer sind Biologie, Pflanzenkunde, Werken/Technik und Mathematik.
Nach dem zweiten Lehrjahr gibt es eine Zwischenprüfung; am Ende der Ausbildung die Abschlussprüfung.

* z. B. Gras oder Bäume anpflanzen ** ein Lebensraum für Pflanzen und Tiere
*** das Wiederherstellen einer Fläche, z. B. durch Bepflanzung **** ein Platz, auf dem Müll entsorgt wird

Einen Internettext lesen, Stichworte aufschreiben

2 Worüber informieren die Abschnitte des Internettextes?
Schreibe zu jedem Abschnitt eine Überschrift auf.

Abschnitt 1: ______________________________

Abschnitt 2: ______________________________

Mit der Methode Stichworte aufschreiben kannst du Informationen aus längeren Texten zusammenfassen.

→ Stichworte aufschreiben S. 96

3 Fasse den Internettext zusammen.

a) Markiere die Antworten auf die folgenden Fragen im Text.
Markiere nur einzelne Wörter oder Wortgruppen.
– Welche **Tätigkeiten** übt ein Gärtner/eine Gärtnerin der Fachrichtung Garten- und Landschaftsbau aus?
– Wie verläuft die **Ausbildung**?

b) Schreibe die Antworten in Stichworten auf.

die Tätigkeiten	die Ausbildung
- z.B. Bäume und Blumen anpflanzen	

Einen Internettext lesen, eine Tabelle ausfüllen

Der Internettext geht noch weiter.
Sergej liest auch den folgenden Abschnitt.

1 Wende den Schritt 3 vom Textknacker an.

→ Textknacker
3 die Abschnitte

[redacted]

Als Gärtner/Gärtnerin der Fachrichtung Garten- und Landschaftsbau sollte man Interesse an der Natur und an Pflanzen haben. Bei der Gestaltung von Grünanlagen ist es hilfreich, wenn man kreativ ist. Da man auch nach Plänen arbeitet, muss man genau messen können. Um Flächen und Mengen berechnen zu können, muss man in Mathematik fit sein. Auch sollte man Interesse für Biologie und Chemie aufbringen. Man sollte körperlich belastbar und unempfindlich gegen Hitze, Kälte und Nässe sein, da man bei jedem Wetter im Freien arbeiten muss. Viele Tätigkeiten werden in Handarbeit oder unter Einsatz von Geräten und Maschinen ausgeführt. Deshalb benötigt man handwerkliches Geschick. Um Krankheiten an Pflanzen zu erkennen, sollte man genau beobachten können. Man sollte außerdem teamfähig und kommunikationsfähig sein, da man meistens mit Kollegen zusammenarbeitet und häufig Kontakt zu Kunden hat.

2 Worüber informiert der Abschnitt des Internettextes?
Schreibe eine passende Überschrift auf.

Abschnitt 3: ______________________________

____

3 Markiere im Internettext:
- grün: die benötigten Fähigkeiten (Das muss ich können.)
- gelb: die benötigten Eigenschaften (So soll ich sein.)

Einen Internettext lesen, eine Tabelle ausfüllen

Mit einer Plus-Minus-Tabelle kannst du herausfinden, ob du die Anforderungen für einen Beruf erfüllst.

4 Könntest du den Beruf **Gärtner/-in der Fachrichtung Garten- und Landschaftsbau** ausüben? Verwende dein Ergebnis von Aufgabe 3.

a) Ordne die markierten Wörter in die Tabelle ein.
b) Kreuze an.

Das muss ein Gärtner/eine Gärtnerin der Fachrichtung Garten- und Landschaftsbau können:	Plus (Diese Fähigkeiten habe ich.)	Minus (Diese Fähigkeiten habe ich noch nicht.)
______	☐	☐
______	☐	☐
______	☐	☐
______	☐	☐
______	☐	☐
So muss ein Gärtner/eine Gärtnerin der Fachrichtung Garten- und Landschaftsbau sein:	**Plus** (Diese Eigenschaften habe ich.)	**Minus** (Diese Eigenschaften habe ich noch nicht.)
Interesse an Natur und Pflanzen	☐	☐
______	☐	☐
______	☐	☐
______	☐	☐
______	☐	☐
______	☐	☐
______	☐	☐

5 Bist du für den Beruf **Gärtner/-in der Fachrichtung Garten- und Landschaftsbau** geeignet?

a) Werte die Tabelle aus.
b) Schreibe deine Meinung in dein Heft. Begründe deine Meinung.

Eine Plus-Minus-Tabelle kann dir auch bei anderen wichtigen Entscheidungen helfen.

Training Sprechen: sich bewerben

Ein Telefongespräch vorbereiten: wichtige Hinweise

Sergej möchte sich telefonisch bei der Gärtnerei Busch um eine Ausbildungsstelle bewerben. In einer Bewerber-Broschüre findet er Hinweise, die er bei dem Telefongespräch beachten sollte.

1 Wende die Schritte 2 und 3 vom Textknacker an.

a) Lies die Überschriften.
b) Lies die Abschnitte.

→ Textknacker
2 die Überschrift
3 die Abschnitte

Das erste Telefonat

Vor dem Gespräch:

- Sorgen Sie dafür, dass Sie ganz in Ruhe telefonieren können. Fernseher, Radio, Handyklingeln, Straßenlärm usw. stören nicht nur Sie selbst, sondern auch Ihren Gesprächspartner.
- Telefonieren Sie möglichst vom Festnetz, damit das Gespräch nicht durch eine Netzstörung oder einen leeren Akku unterbrochen wird.
- Legen Sie sich schon vor dem Gespräch einen Stichwortzettel an, damit Sie Ihre Fragen nicht vergessen.
- Bereiten Sie sich auch darauf vor, dass man Ihnen Fragen zu Ihren persönlichen Daten und zu Ihrem Lebenslauf stellen könnte.

Zu Beginn des Gesprächs:

- Nennen Sie den Grund Ihres Anrufs (z. B. Interesse für eine angebotene Ausbildungsstelle).
- Wenn nötig, bitten Sie darum, mit dem gewünschten Gesprächspartner verbunden zu werden.
- Beginnen Sie das Gespräch mit „Guten Tag" und nennen Sie dann Ihren Namen.
- Merken Sie sich den Namen Ihres Gesprächspartners; fragen Sie ruhig nach, wenn Sie den Namen nicht verstanden haben.

Während des Gesprächs:

- Vermeiden Sie es, während des Gesprächs zu rauchen, Kaugummi zu kauen oder gar zu essen. Der Gesprächspartner wird das immer hören!
- Denken Sie daran, Ihren Gesprächspartner ausreden zu lassen.
- Beantworten Sie Fragen nicht zu knapp; sprechen Sie in ganzen Sätzen.
- Verwenden Sie immer mal wieder die Anrede mit dem Namen: „Herr Schmidt ... Frau Müller ...". Das macht einen guten Eindruck!

Am Ende des Gesprächs:

- Bedanken Sie sich für das Gespräch.
- Verabschieden Sie sich mit „Auf Wiederhören" und dem Namen des Gesprächspartners.

Ein Telefongespräch vorbereiten: eine Checkliste

Sergej möchte die wichtigen Informationen in Stichworten aufschreiben.

2 Werte die Bewerber-Broschüre aus.
Markiere dazu die Antworten auf die folgenden Fragen in der Broschüre.
Markiere nur einzelne Wörter oder Wortgruppen.
- Was sollte man **vor dem Gespräch** beachten?
- Was sollte man **zu Beginn** des Gesprächs machen?
- Wie sollte man sich **während** des Gesprächs verhalten?
- Was sollte man **am Ende** des Gesprächs beachten?

3 Erstelle eine Checkliste für eine telefonische Bewerbung.
Schreibe Stichworte auf. Verwende dein Ergebnis von Aufgabe 2.

→ Stichworte aufschreiben S. 96

Checkliste: eine telefonische Bewerbung

vor dem Gespräch

zu Beginn des Gesprächs

während des Gesprächs

am Ende des Gesprächs

Ein Vorstellungsgespräch vorbereiten: die Fragen

**Sergej hat sich bei der Gärtnerei Busch beworben.
Er wird zu einem Vorstellungsgespräch eingeladen. Sergej überlegt, was ihn interessiert und welche Fragen er stellen möchte.**

Wann könnte ich ein Praktikum machen?
Wo findet der Berufsschulunterricht statt?
Wie viele Mitarbeiter hat der Betrieb?
Wie viel Geld werde ich verdienen?
Gibt es mehrere Auszubildende?
An welchen Einsatzorten arbeiten Sie hauptsächlich?
Wann kann ich Chef in Ihrem Betrieb werden?
Gibt es eine Internetseite (Homepage) des Betriebs?
Welche Arbeitszeiten gelten in Ihrem Betrieb?
Wann kann ich Urlaub nehmen?

1 Was würde euch interessieren?
Formuliert Fragen für ein Vorstellungsgespräch.

Nicht alles, was euch interessiert, solltet ihr im Vorstellungsgespräch fragen!

2 a) Welche Fragen sollte Sergej stellen? Markiert grün.
b) Welche Fragen sollte er nicht stellen? Markiert rot.

3 Warum sollte Sergej die rot markierten Fragen nicht stellen? Begründet.

Du kannst Sergejs Fragen auf Karteikarten schreiben und für dein eigenes Vorstellungsgespräch nutzen.

Ein Vorstellungsgespräch vorbereiten: wichtige Hinweise

In der Bewerber-Broschüre findet Sergej ein Quiz zum Vorstellungsgespräch.
Er ist sich sicher, dass er die richtigen Antworten kennt. Und ihr?

1 Kreuzt die passenden Hinweise an.
Manchmal sind mehrere Antworten richtig.

Das Vorstellungsgespräch

a) Wie sollte ich mich auf das Vorstellungsgespräch vorbereiten?

- Eine Vorbereitung ist unnötig. ☐
- sich über den Betrieb informieren, z. B. auf der Internetseite des Betriebs ☐
- mehrmals im Betrieb anrufen und fragen, ob der Termin noch gilt ☐

b) Was sollte ich zum Vorstellungsgespräch anziehen?

- einen Anzug, um einen guten Eindruck zu machen ☐
- eine Arbeitshose und ein altes T-Shirt, weil man das bei der Gartenarbeit auch trägt ☐
- eine saubere und ordentliche Alltagskleidung ☐

c) Wann sollte ich im Betrieb sein?

- genau zur vereinbarten Zeit ☐
- ruhig ein paar Minuten zu spät, das ist nicht schlimm ☐
- etwa 15 Minuten vor dem Termin ☐

d) Wie begrüße ich meinen Gesprächspartner?

- die Hand geben ☐
- sich mit Namen vorstellen ☐
- sich sofort eine Sitzgelegenheit suchen und hinsetzen ☐

e) Welche Sitzposition sollte ich beim Gespräch einnehmen?

- lässig zurückgelehnt und mit verschränkten Armen ☐
- ruhig und aufrecht sitzen ☐
- die Sitzposition möglichst häufig wechseln, um aktiv zu erscheinen ☐

f) Worauf sollte ich beim Gespräch achten?

- den Augenkontakt halten ☐
- das Gespräch selbstbewusst an sich reißen ☐
- auf Fragen möglichst knapp mit „ja“ oder „nein“ antworten ☐
- den Gesprächspartner ausreden lassen ☐

Für die folgende Aufgabe brauchst du ein liniertes Blatt.

2 Schreibe einen kurzen **Leitfaden für das Vorstellungsgespräch**.
Schreibe auf das Blatt.

a) Bilde zu jedem der angekreuzten Hinweise einen Satz.
b) Hefte das Blatt in deinen Berufswahlordner.

<u>Das Vorstellungsgespräch: wichtige Hinweise</u>
Vor dem Vorstellungsgespräch sollte ich …

Was sind meine Rechte und Pflichten? – der Ausbildungsvertrag

Einen Berufsausbildungsvertrag lesen

**Michael beginnt im Sommer seine Ausbildung zum Maler.
Dazu erhält er einen Ausbildungsvertrag.
Bevor er den Ausbildungsvertrag unterschreibt,
liest er ihn genau durch. Einige Stellen sieht er sich genauer an.**

§1 – Dauer der Ausbildung

1. Dauer
Die Ausbildungsdauer beträgt 36 Monate. Das Berufsausbildungsverhältnis beginnt am 01.08.2010 und endet am 31.07.2013.

2. Probezeit
Die Probezeit beträgt 4 Monate. Wird die Ausbildung während der Probezeit um mehr als ein Drittel dieser Zeit unterbrochen, so verlängert sich die Probezeit um den Zeitraum der Unterbrechung.

3. Verlängerung des Berufsausbildungsverhältnisses
Bestehen Auszubildende die Abschlussprüfung nicht, so verlängert sich das Berufsausbildungsverhältnis – auf Verlangen bis zur nächstmöglichen Wiederholungsprüfung, aber höchstens um ein Jahr.

→ Textknacker
2 die Überschrift
3 die Abschnitte

1 Was steht in Paragraf 1 des Ausbildungsvertrages?

a) Markiere im Text die Antworten der folgenden Fragen:

Wie lange dauert die Ausbildung? ______

Wie lange dauert die Probezeit? ______

b) Beantworte die Fragen in Stichworten.

2 Was regelt Abschnitt 3? Kreuze die richtigen Antworten an.

Die Ausbildung wird bis zu einem Jahr verlängert, wenn der Auszubildende die Prüfung nicht besteht. ☐

Wenn die Abschlussprüfung bestanden ist, verlängert sich die Ausbildung um ein Jahr. ☐

Auf Wunsch kann die Ausbildung bis zur Wiederholungsprüfung verlängert werden. ☐

Einen Berufsausbildungsvertrag lesen

In einem Ausbildungsvertrag stehen oft viele Fachwörter.

§4 – Vergütung und sonstige Leistungen

1. Höhe und Fälligkeit

Der Ausbildende zahlt der/dem Auszubildenden eine angemessene Vergütung; sie beträgt z. Z. monatlich

€ 362,00 brutto im ersten Ausbildungsjahr

€ 393,00 brutto im zweiten Ausbildungsjahr

€ 508,00 brutto im dritten Ausbildungsjahr

Die Vergütung wird spätestens am letzten Arbeitstag des Monats gezahlt. Das auf die Urlaubszeit entfallende Entgelt (Urlaubsentgelt) wird vor Antritt des Urlaubs ausgezahlt.

→ Textknacker
2 die Überschrift

3 a) Markiere die folgenden Fachwörter in Paragraf 4:

die **Vergütung** die **Fälligkeit** **brutto** das **Entgelt**

b) Kläre die Bedeutung der Fachwörter.
Schlage dazu in einem Wörterbuch nach.

c) Schreibe die Fachwörter und ihre Bedeutung auf.

die Vergütung:

4 Vergleiche deine Ergebnisse mit denen einer Partnerin/eines Partners.

Einen Berufsausbildungsvertrag lesen

Im Ausbildungsvertrag stehen auch die Pflichten des Auszubildenden.

→ Textknacker
5 die Worterklärungen

§ 5 – Pflichten der/des Auszubildenden

Die/Der Auszubildende hat sich zu bemühen, die berufliche Handlungsfähigkeit* zu erwerben, die erforderlich ist, um das Ausbildungsziel zu erreichen. Sie/Er verpflichtet sich insbesondere,

1. **(Lernpflicht)**
   die ihr/ihm im Rahmen ihrer/seiner Berufsausbildung übertragenen Aufgaben sorgfältig auszuführen;

2. **(Berufsschulunterricht, Prüfungen und sonstige Maßnahmen)**
   am Berufsschulunterricht und an Prüfungen sowie an Ausbildungsmaßnahmen** außerhalb der Ausbildungsstätte teilzunehmen;

3. **(Weisungsgebundenheit)**
   den Weisungen*** zu folgen, die im Rahmen der Berufsausbildung von Ausbildenden, von Ausbilderinnen oder Ausbildern oder von anderen weisungsberechtigten Personen erteilt werden;

4. **(Betriebliche Ordnung)**
   die für die Ausbildungsstätte geltende Ordnung zu beachten;

5. **(Sorgfaltspflicht)**
   Werkzeug, Maschinen und sonstige Einrichtungen pfleglich**** zu behandeln und sie nur zu den ihr/ihm übertragenen Arbeiten zu verwenden;

6. **(Betriebsgeheimnisse)**
   über Betriebs- und Geschäftsgeheimnisse Stillschweigen zu wahren;

7. **(Führung von schriftlichen Ausbildungsnachweisen)**
   vorgeschriebene schriftliche Ausbildungsnachweise ordnungsgemäß zu führen und regelmäßig vorzulegen;

8. **(Benachrichtigung)**
   bei Fernbleiben von der betrieblichen Ausbildung, vom Berufsschulunterricht dem Ausbildenden unter Angabe von Gründen unverzüglich Nachricht zu geben. Bei einer Arbeitsunfähigkeit durch Krankheit, die länger als drei Kalendertage dauert, hat die/der Auszubildende eine ärztliche Bescheinigung am darauf folgenden Arbeitstag abzugeben. Dauert die Arbeitsunfähigkeit länger als in der Bescheinigung angegeben, ist die/der Auszubildende verpflichtet, eine neue ärztliche Bescheinigung vorzulegen;

* etwas tun können ** z. B. ein Lehrgang in einem anderen Betrieb *** den Anordnungen **** ordentlich, sorgfältig

Einen Berufsausbildungsvertrag lesen

5 Wende den Schritt 7 vom Textknacker an.
Schreibe zu jedem Abschnitt die wesentlichen Informationen mit eigenen Worten auf. Schreibe Stichworte auf.

→ Textknacker 7 der ganze Text

1. ______________________________
2. ______________________________
____
3. ______________________________
____
4. ______________________________
____
5. ______________________________
____
6. ______________________________
____
7. meine Ausbildungsnachweise schriftlich führen, z.B.
ein Berichtsheft führen und dem Ausbilder zeigen
8. ______________________________
____
____

6 Was ist richtig? Was ist falsch? Kreuze an.

	richtig	falsch
Paragraf 5 regelt die Rechte des Auszubildenden.		
Die Anweisungen des Ausbilders sind zu befolgen.		
Der Ausbilder muss den Berufsschulunterricht besuchen.		
Die Maschinen müssen ordentlich behandelt werden.		
Die Maschinen dürfen auch für private Zwecke genutzt werden.		
Ab dem fünften Tag muss eine Krankmeldung abgegeben werden.		

Einen Berufsausbildungsvertrag lesen

Der Ausbildungsvertrag regelt auch, wann und wie das Ausbildungsverhältnis beendet werden kann.

→ Textknacker 3 die Abschnitte

§7 – Kündigung

1. [redacted]

Während der Probezeit kann das Berufsausbildungsverhältnis ohne Einhaltung einer Kündigungsfrist und ohne Angabe von Gründen gekündigt werden.

2. [redacted]

Nach der Probezeit kann das Berufsausbildungsverhältnis nur gekündigt werden
a) aus einem wichtigen Grund* ohne Einhaltung einer Kündigungsfrist
b) von der/dem Auszubildenden mit einer Kündigungsfrist von vier Wochen, wenn sie/er die Berufsausbildung aufgeben oder sich für eine andere Berufstätigkeit ausbilden lassen will.

3. [redacted]

Die Kündigung muss schriftlich, im Falle der Nr. 2 unter Angabe der Kündigungsgründe erfolgen.

4. [redacted]

Eine Kündigung aus einem wichtigen Grund ist unwirksam**, wenn die ihr zugrunde liegenden Tatsachen dem zur Kündigung Berechtigten länger als zwei Wochen bekannt sind.

5. [redacted]

Wird das Berufsausbildungsverhältnis nach Ablauf der Probezeit vorzeitig gelöst***, so kann der Ausbildende oder die/der Auszubildende Ersatz bei Schaden**** verlangen. Dies geht aber nur, wenn die andere Person den Grund für die Auflösung zu rechtfertigen hat. Das gilt nicht bei Kündigung wegen Aufgabe oder Wechsels der Berufsausbildung. Der Anspruch geht verloren, wenn er nicht innerhalb von drei Monaten nach Beendigung des Berufsausbildungsverhältnisses eingefordert wird.

* z. B. wenn der Auszubildende einen Diebstahl begeht
** nicht gültig
*** Das Ausbildungsverhältnis wird früher als vorgesehen beendet.
**** einen Ausgleich, eine Entschädigung

Einen Berufsausbildungsvertrag lesen

7 Worüber informieren die einzelnen Abschnitte von Paragraf 7?
Ordne die Überschriften passend zu.

◯ Schadenersatz bei vorzeitiger Beendigung	(3) Form der Kündigung
◯ Kündigung während der Probezeit	◯ Kündigungsgründe
◯ Unwirksamkeit der Kündigung	

8 Markiere in den Abschnitten **1–4** Schlüsselwörter.
Markiere nur einzelne Wörter oder Wortgruppen.
Die folgenden Fragen können dir beim Finden der Schlüsselwörter helfen:
- **Wie** kann in der Probezeit das Berufsausbildungsverhältnis gekündigt werden?
- **Wann** kann das Berufsausbildungsverhältnis nach der Probezeit gekündigt werden?
- **In welcher Form** muss gekündigt werden?
- Wann ist eine Kündigung **unwirksam**?

9 Was steht in Abschnitt **5** von Paragraf 7?
Verbinde die passenden Satzanfänge und Satzenden.

Wenn die Probezeit vorbei ist und die Ausbildung zu früh beendet wird, •	• wenn die andere Person nicht gemäß Vertrag gehandelt hat.
Der Schadenersatz kann nur gefordert werden, •	• kann Ersatz bei Schaden verlangt werden.
Wenn der Auszubildende die Berufsausbildung aufgibt oder wechselt, •	• innerhalb von drei Monaten nach der Kündigung.
Das Recht auf Schadenersatz gilt nur •	• besteht kein Anspruch auf Schadenersatz.

10 a) Vergleiche deine Lösung mit der einer Partnerin/eines Partners.
b) Schreibe die passenden Satzanfänge und Satzenden auf.

Michael hat den Vertrag unterschrieben. Nun kann er seine Ausbildung beginnen.

Was verdiene ich? – die Ausbildungsvergütung

Eine Tabelle lesen

Ein Auszubildender (Azubi) bekommt eine Ausbildungsvergütung. Das ist die monatliche Bezahlung während der Berufsausbildung.

1 Verschaffe dir einen ersten Überblick über die Tabelle. Wende die Schritte 2 und 5 vom Textknacker an.

a) Lies die Überschrift der Tabelle.
b) Lies die Überschriften der einzelnen Spalten.

→ Textknacker
2 die Überschrift
5 die Worterklärungen

Tarifliche Ausbildungsvergütungen 2006 in Euro
Durchschnittliche Beträge in € pro Monat in den einzelnen Ausbildungsjahren sowie im Durchschnitt über die gesamte Ausbildungsdauer

Berufsbezeichnung	Dauer in Monaten*	1. AJ**	2. AJ	3. AJ	Durchschnitt***
Bäcker/-in	36	385	440	545	457
Berufskraftfahrer/-in	36	550	606	657	604
Drucker/-in	36	771	822	873	822
Fachkraft im Gastgewerbe	24	496	563		530
Fachlagerist/-in	24	604	673		638
Fliesen- und Plattenleger/-in	36	554	860	1.086	833
Florist/-in	36	331	443	499	424
Gärtner/-in	36	459	534	603	532
Gebäudereiniger/-in	30	513	615	718	595
Koch/Köchin	36	492	558	624	558
Landwirt/-in	36	498	541	594	544
Maler/-in und Lackierer/-in	36	428	467	604	500
Maurer/-in	36	554	860	1.086	833
Tankwart/-in	36	428	465	523	472
Textilreiniger/-in	36	456	522	613	530
Tierpfleger/-in	36	627	684	753	688
Verkäufer/-in	24	590	661		625

*die Dauer in Monaten:
1 Jahr: 12 Monate
2 Jahre: 2 x 12 Monate = 24 Monate
2½ Jahre: 2 x 12 + 6 = 30 Monate
3 Jahre: 3 x 12 Monate = 36 Monate

**Abkürzung für: das Ausbildungsjahr

***So errechnet sich der Durchschnitt der Ausbildungsvergütung:

1. AJ	2. AJ	3. AJ	Durchschnitt
400	500	600	500

400 € + 500 € + 600 € = 1500 €
1500 €: 3 (Ausbildungsjahre) = 500 €

Eine aktuelle und vollständige Tabelle über die Ausbildungsvergütungen erhältst du beim Bundesinstitut für Berufsbildung (BIBB).

2 a) Finde zwei Berufe, bei denen die Ausbildung 24 Monate dauert.

b) Finde zwei Berufe, bei denen die Ausbildung 36 Monate dauert.

Lena hat eine Ausbildung zur Textilreinigerin gemacht und Jasmin eine Ausbildung zur Gebäudereinigerin.

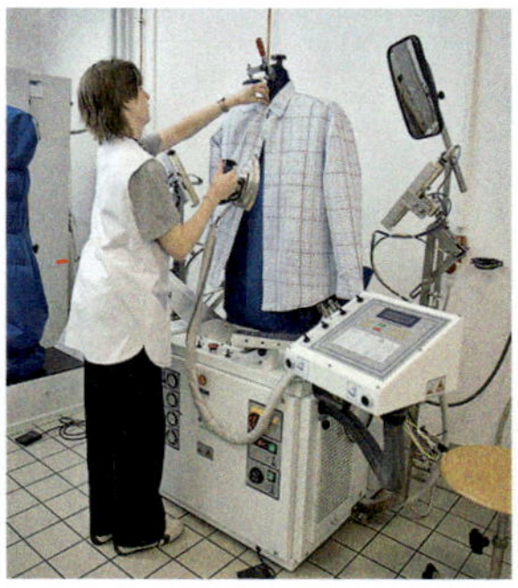

Lena

Jasmin

3 a) Markiere in der Tabelle auf Seite 20 die Zeilen für die Ausbildungsberufe von Jasmin und Lena.
b) Vergleiche die Informationen miteinander. Kreuze an.

	richtig	falsch
Lena bekam als Textilreinigerin im Durchschnitt 530 €.		
Die Ausbildung zur Textilreinigerin dauert 2½ Jahre.		
Als Gebäudereinigerin bekam Jasmin im ersten Ausbildungsjahr 615 €.		
Jasmins Ausbildung zur Gebäudereinigerin dauert 30 Monate.		
Die Ausbildung zur Gebäudereinigerin dauert länger als die Ausbildung zur Textilreinigerin.		
Während der Ausbildung verdient eine Gebäudereinigerin im Durchschnitt mehr als eine Textilreinigerin.		

4 a) Markiere in der Tabelle die Informationen über den Ausbildungsberuf **Bäcker/-in**.
b) Ergänze im Lückentext die fehlenden Informationen.

Die Ausbildung zum Bäcker/zur Bäckerin dauert ______ Monate.

Im Jahr 2006 verdiente ein Bäcker-Azubi im ersten Ausbildungsjahr ________ €,

im zweiten Ausbildungsjahr ________ € und im dritten Ausbildungsjahr ________ €.

Das sind in drei Jahren Ausbildung im Durchschnitt ________ €.

5 a) Wähle einen weiteren Ausbildungsberuf aus.
b) Markiere in der Tabelle die Informationen über den Ausbildungsberuf.
c) Schreibe die Informationen in dein Heft.
Orientiere dich dabei an Aufgabe 4.

Eine Abrechnung lesen

Anna hat einen Ausbildungsplatz als Fahrzeuglackiererin.
Sie hat die Abrechnung ihrer Ausbildungsvergütung erhalten.

1 Verschaffe dir einen ersten Überblick.

a) Lies die Überschriften der → Zeilen.

b) Markiere in der Abrechnung:
- blau: die Anschrift von Anna
- grün: den Monat und das Jahr der Abrechnung
- gelb: den Namen der Ausbildungsfirma

→ **Abrechnung der Brutto-Netto-Bezüge** September/2011

Personal-Nr.	Geb.datum	Eintritt	PGRS
0001	17.05.1993		101
Versicherungs-Nr.	Krankenkasse	St.klasse	BGRS
032780049	BKK Gesundheit	1	1111

Fahrzeuglackierer Frech
Farbenstraße 11-13
74202 Gelbhausen

Frau
Anna Heubeck
Gimpelweg 28
73442 Hochhausen

Url. Anspr.	Krankh. Tg.
30,00	
Url. Tage	Krankh. Std.
1,00	
Url. gen.	Fehlz. Tg.
21,00	
Resturlaub	Fehlz. Std.
9,00	
	Überstd.

Angaben über Fehlzeiten und Urlaub

→ **Brutto-Bezüge**

Lohnart	Bezeichnung	Menge	St	SV	GB	Betrag
0211	Ausbildungsvergütung		L	L	J	490,00
2965	Fahrtkosten		F	F	J	43,40
3202	Verpflegungszuschuss		F	F	J	84,70
****	Wochenberichte 33-36					
						Gesamt-Brutto
						618,10

Angaben über die Bezüge

→ **Steuer/Sozialversicherung**

St	Steuer-Brutto		Lohnsteuer	Kirchensteuer	Solidaritätszuschlag		Steuerrechtliche Abzüge
L	490,00						0,00
SV	KV-/PV-Brutto	RV/AV-Brutto	KV-Beitrag	PV-Beitrag	RV-Beitrag	AV-Beitrag	SV-rechtliche Abzüge
L	490,00	490,00	38,71	48,76	6,86	4,78	99,11
							Netto-Verdienst
							518,99
							Auszahlungsbetrag
							518,99

Angaben über die ausgezahlte Vergütung

→ **Verdienstbescheinigung**

Gesamt-Brutto	Steuer-Brutto	Lohnsteuer	Solidaritätszuschlag	Steuerfreie Bezüge
5.431,20	4.363,00			918,60
SV-Brutto	KV-Beitrag	PV-Beitrag	RV-Beitrag	AV-Beitrag
4.363,00	344,68	42,56	434,16	61,08

Eine Abrechnung lesen

Anna findet auf der Abrechnung ihrer Ausbildungsvergütung viele unbekannte Wörter.

2 a) Markiere die vier hervorgehobenen Wörter in der Abrechnung.
b) Was bedeuten die Wörter? Verbinde.

- Brutto-Bezüge
- Gesamt-Brutto
- Abzüge
- Netto-Verdienst

- Der Netto-Betrag ist der Verdienst, den man nach dem Abzug von Versicherungen oder Steuern auf das Konto überwiesen bekommt.
- Beiträge zur Rentenversicherung, Arbeitslosenversicherung, Kranken- und Pflegeversicherung, Lohnsteuer und eventuell Kirchensteuer werden vom Gesamt-Brutto abgezogen.
- Für die Brutto-Bezahlung werden alle Leistungen, Zulagen (zum Beispiel für Fahrtkosten oder Verpflegung) und Einmalzahlungen wie Urlaubs- oder Weihnachtsgeld einzeln aufgeführt.
- Das Gesamt-Brutto ist die Summe aller Brutto-Bezüge vor dem Abzug von Versicherungen oder Steuern.

3 Gestalte ein **Lexikon zur Ausbildungsvergütung**.
a) Schreibe die Wörter und ihre Bedeutung auf ein Blatt.
b) Hefte das Blatt in deinen Lebensordner.

Mein Lexikon
zur Ausbildungsvergütung
...

Nachdem du die Bedeutung einiger unbekannter Wörter geklärt hast, kannst du die Abrechnung weiterlesen.

4 Markiere in der Abrechnung auf Seite 22:
– die Zahl für **Gesamt-Brutto**: ____________
– den Betrag für **Abzüge**: _ _ _ _
– den Betrag für **Netto-Verdienst**: ~~~~~~
– den **Auszahlungsbetrag**: ( )

5 Welche Brutto-Bezüge erhält Anna?
Welchen Netto-Verdienst erhält sie? Ergänze.

Die Höhe der Ausbildungsvergütung beträgt __________ €. Für Fahrtkosten erhält Anna __________ €. Für Verpflegung erhält sie einen Zuschuss von __________ €. Diese einzelnen Beträge werden zusammengerechnet und ergeben das Gesamt-Brutto in Höhe von __________ €. Nach Abzügen wird der Netto-Verdienst in Höhe von __________ € auf Annas Konto überwiesen.

Abkürzungen verstehen

	Krankh. Tg.
	Krankh. Std.
	Fehlz. Tg.
	Fehlz. Std.
	Überstd.

Auf der Abrechnung der Ausbildungsvergütung werden viele Wörter abgekürzt.

1 Was bedeuten diese Abkürzungen?
Schreibe zu jeder Abkürzung das passende Wort.

Krankh. Tg. ______________________________

Fehlz. Tg. ______________________________

Krankh. Std. ______________________________

Fehlz. Std. ______________________________

Überstd. ______________________________

die Fehlzeiten-Stunden   die Überstunden   die Krankheits-Tage
die Fehlzeiten-Tage   die Krankheits-Stunden

2 Sieh auf der Abrechnung von Anna nach:

Wie viele Tage war sie krank? ______________

Von den Brutto-Bezügen wird viel Geld für Versicherungen (V) abgezogen. Diese sind auf der Abrechnung mit Abkürzungen geschrieben.

3 a) Was bedeuten diese Abkürzungen? Verbinde.

KV-Beitrag •	• **A**rbeitslosen**v**ersicherungs-Beitrag
RV-Beitrag •	• **S**ozial**v**ersicherung – rechtliche Abzüge (Summe der anderen aufgeführten Beiträge)
AV-Beitrag •	• **K**ranken**v**ersicherungs-Beitrag
PV-Beitrag •	• **R**enten**v**ersicherungs-Beitrag
SV-rechtliche Abzüge •	• **P**flege**v**ersicherungs-Beitrag

b) Ergänze dein **Lexikon zur Ausbildungsvergütung**.

4 a) Wähle dir zwei Versicherungen aus.
b) Kläre die Bedeutung der Wörter.
c) Schreibe die Wörter und ihre Bedeutung in dein **Lexikon zur Ausbildungsvergütung**.

Mein Lexikon zur Ausbildungsvergütung
...

Abkürzungen und Fachwörter verstehen

Urlaubstage sind begrenzt und werden auf der Abrechnung der Ausbildungsvergütung gezählt.

Url. Anspr.	30,00
Url. Tage	1,00
Url. gen.	21,00
Resturlaub	9,00

1 a) Was bedeuten diese Abkürzungen und das Wort? Verbinde.

Url. Anspr.	So viele Urlaubstage kann Anna in diesem Jahr noch nehmen.
Url. gen.	**Url**aubs**anspr**uch: So viele Tage Urlaub kann Anna in einem Jahr insgesamt nehmen.
Resturlaub	**Url**aubstage **gen**ommen: So viele Urlaubstage hat Anna in diesem Jahr bereits verbraucht.

b) Ergänze dein **Lexikon zur Ausbildungsvergütung**.

2 Sieh auf der Abrechnung von Anna nach:

a) Wie viele Urlaubstage kann Anna in einem Jahr nehmen?

b) Wie viele Tage Urlaub hat sie in diesem Jahr schon verbraucht?

c) Wie viele Tage Urlaub hat sie noch in diesem Jahr?

Im unteren Teil der Abrechnung steht die Verdienstbescheinigung. Im folgenden Text erfährst du, was das ist.

Die Verdienstbescheinigung

Die Verdienstbescheinigung ist ein Teil der Abrechnung. Sie gibt an, welcher Brutto-Verdienst bisher in diesem Jahr berechnet wurde. Die Verdienstbescheinigung wird zum Beispiel bei einem Wohngeldantrag oder bei Abschluss eines Mietvertrages verlangt. Deshalb sollte man die Abrechnungen in einen Ordner abheften und gut aufheben.

Verdienstbescheinigung

Gesamt-Brutto	Steuer-Brutto
5.431,20	4.363,00
SV-Brutto	**KV-Beitrag**
4.363,00	344,68

Lohnsteuer	Solidaritätszuschlag
PV-Beitrag	**RV-Beitrag**
42,56	434,16

Steuerfreie Bezüge
918,60
AV-Beitrag
61,08

3 a) Was gibt die Verdienstbescheinigung an?

b) Wo wird die Verdienstbescheinigung zum Beispiel verlangt?

Das ist mein Arbeitsplatz!

Präpositionen wiederholen: Wo?

Die Wörter **an, auf, hinter, in, neben, über, unter, vor** und **zwischen** sagen, **wo** etwas ist. Wir nennen sie **Präpositionen**.

Jessi macht eine Ausbildung in einem Fensterbau-Betrieb. Hier siehst du ihren Arbeitsplatz.

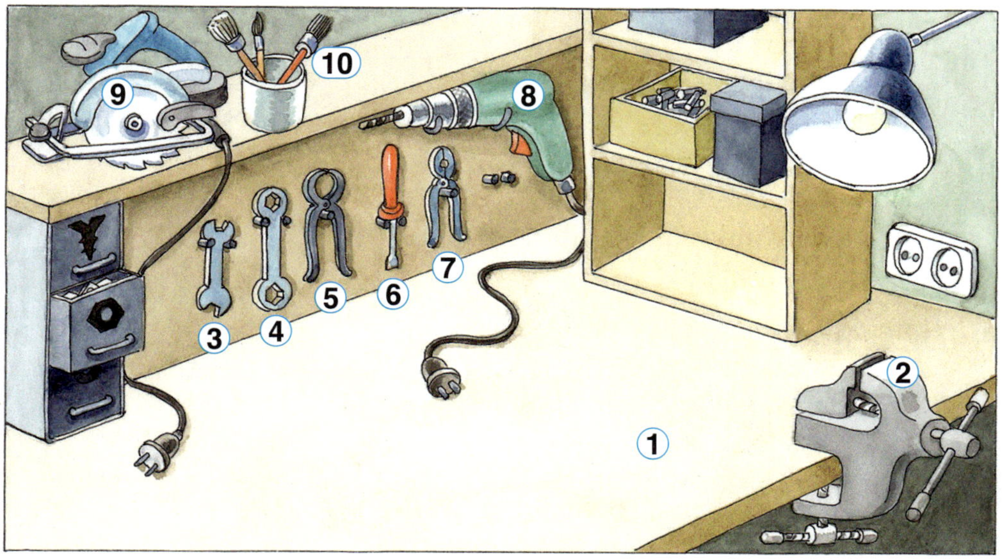

1. die Werkbank
2. der Schraubstock
3. der Schrauben-schlüssel
4. der Ringschlüssel
5. die Kneifzange
6. der Schraubenzieher
7. die Kombizange
8. die Bohrmaschine
9. die Handkreissäge

der Pinsel

1 Wo befinden sich die Werkzeuge und Arbeitsgeräte?

a) Beschreibe den Arbeitsplatz von Jessi.
Bilde Sätze. Verwende dabei passende Präpositionen.

b) Markiere die Präpositionen und die darauf folgenden Nomen mit Artikel.

Der Pinsel steht in

2 a) Zeichne die folgenden Werkzeuge und Arbeitsgeräte in die Abbildung:
einen Hammer einen Zollstock einen Winkel einen Bleistift

b) Beschreibe, **wo** die Werkzeuge und Arbeitsgeräte sind. Schreibe in dein Heft.

Präpositionen wiederholen: Wohin?

Die Präpositionen **an, auf, hinter, in, neben, über, unter, vor** und **zwischen** sagen auch, **wohin** etwas gestellt/gelegt/gehängt wird.

Nach dem Arbeitstag muss Jessi alle Werkzeuge und Arbeitsgeräte ordentlich aufräumen.

1. die Mutter
2. die Schraube
3. der Hammer
4. der Schraubenzieher
5. der Schraubenschlüssel
6. die Kombizange
7. der Pinsel
8. die Handkreissäge

1 **Wohin** sollte Jessi die Werkzeuge und Arbeitsmittel stellen/legen/hängen?

a) Schreibe Sätze auf.
b) Markiere die Präpositionen und die darauf folgenden Nomen mit Artikel.

2 **Wohin** könnte Jessi die folgenden Werkzeuge und Arbeitsgeräte stellen/hängen/legen?

die Schraube   das Schmirgelpapier   den Leim   den Hobel

a) Überlege.
b) Bilde Sätze. Schreibe in dein Heft.

Wie nehme ich das Medikament ein? – ein Beipackzettel

Worüber informiert ein Beipackzettel?

Hakan sitzt im Wartezimmer seines Hausarztes und liest in einer Apothekenzeitschrift.

1 Lies den Zeitschriftenartikel.
Wende dabei die Schritte 2, 4 und 5 vom Textknacker an.

→ Textknacker
2 die Überschrift
4 die Schlüsselwörter
5 die Worterklärungen

Der Beipackzettel ist gesetzlich vorgeschrieben

Die Arzneimittelhersteller* sind laut Gesetz verpflichtet, für ihre Arzneimittel einen Beipackzettel** zu schreiben und ihn den Medikamenten beizulegen. In diesem Beipackzettel werden die Eigenschaften und die Anwendung des Medikamentes genau erklärt. Folgende Angaben über das Medikament müssen in jedem Beipackzettel stehen:

- der Name des Arzneimittels
- die Anwendungsgebiete
- die Gegenanzeigen
- die Vorsichtsmaßnahmen
- die Wechselwirkungen mit anderen Medikamenten
- die Warnhinweise
- die Dosierungsanleitung
- Anwendungsfehler und Überdosierung
- die Nebenwirkungen
- die Haltbarkeit
- die Darreichungsform und der Inhalt der Packung
- der Wirkstoff und weitere Bestandteile des Arzneimittels
- das Ausstellungsdatum des Beipackzettels

Um so viele Informationen auf wenig Platz unterzubringen, sind Beipackzettel oft klein und eng beschrieben. Um sie in den kleinen Medikamentenschachteln unterzubringen, sind Beipackzettel meistens sehr klein gefaltet. Obwohl die Beipackzettel in den letzten Jahren schon viel verständlicher geworden sind, bleiben manchmal noch Fragen offen. Falls Sie etwas nicht verstehen, sollten Sie sich auf jeden Fall an einen Arzt oder Apotheker wenden.

* Sie stellen Medikamente her.   ** Beipackzettel werden auch als Packungsbeilage bezeichnet.

2 a) Lies die Fragen.
- Wozu sind Arzneimittelhersteller laut Gesetz verpflichtet?
- Was wird in einem Beipackzettel erklärt?
- Wer hilft dir, wenn du im Beipackzettel etwas nicht verstehst?

b) Markiere die Antworten im Text.

Die Abschnitte

**In jedem Beipackzettel müssen bestimmte Informationen stehen.
Dazu sind Beipackzettel in Abschnitte gegliedert.**

1 In der folgenden Tabelle steht, worüber einige wichtige Abschnitte informieren.

a) Lies die Erklärungen zu den Abschnitten.
b) Ordne die passenden Zwischenüberschriften zu.

der Wirkstoff, die Dosierungsanleitung, die Gegenanzeigen, die Nebenwirkungen, die Warnhinweise, die Haltbarkeit, die Anwendungsgebiete, ~~der Name des Arzneimittels~~

der Name des Arzneimittels	Der Name des Medikaments kann einen Zusatz enthalten, z. B. „forte“: Das Medikament wirkt stark. Es steht auch dabei, ob es Tabletten, Kapseln, Zäpfchen, Salben oder Lösungen sind.
	Hier sind die Wirkstoffe aufgeführt, die für die medizinische Wirkung verantwortlich sind.
	Hier wird beschrieben, bei welchen Krankheiten das Medikament angewendet werden darf.
	Manche bestehenden Krankheiten oder Lebensumstände sprechen gegen das Medikament. Es soll dann nicht eingenommen werden. Auch Hinweise zu Schwangerschaft und Stillzeit werden hier aufgeführt.
	Vorsicht! Manche Medikamente beeinträchtigen das Reaktionsvermögen*. Hier finden sich Hinweise, die vor Auswirkungen auf die Fahrtüchtigkeit oder das Bedienen von Maschinen warnen.
	Hier steht, wie, wann und wie lange das Medikament eingenommen werden soll. Vor, zu oder nach dem Essen? Was ist zu tun, wenn die Einnahme vergessen wurde?
	Hier müssen alle Nebenwirkungen angegeben sein. Das sind Folgen, die durch die Einnahme des Medikaments neben der Heilwirkung außerdem möglich sind, z. B. Kopfschmerzen oder Müdigkeit.
	Damit Medikamente lange haltbar sind, sollen sie kühl, dunkel und trocken gelagert werden. Besondere Aufbewahrungshinweise werden hier beschrieben.

* gibt an, wie schnell man auf etwas reagieren kann

Unbekannte Wörter klären

Dies ist ein Auszug aus dem Beipackzettel des Medikaments antiGripp.

„antiGripp“ Erkältungstrunk FORTE

Wirkstoffe:

Paracetamol	*500,0 mg*
Phenylephrinhydrochlorid	*10,0 mg*
Dextromethorphanhydrobromid	*15,0 mg*

Granulat zur Herstellung einer Lösung zum Einnehmen
Zur Anwendung bei Erwachsenen und Jugendlichen ab 12 Jahren

Was ist antiGripp und wofür wird es angewendet?

antiGripp Erkältungstrunk Forte wird angewendet zur symptomatischen Behandlung von Erkältungskrankheiten und grippalen Infekten, nur wenn folgende Symptome gemeinsam auftreten: Husten, Schwellung der Nasenschleimhaut bei Schnupfen, Fieber sowie Kopf-, Glieder- oder Halsschmerzen.

Was müssen Sie vor der Einnahme beachten?

antiGripp Erkältungstrunk Forte darf nicht eingenommen werden:
- wenn Sie überempfindlich (allergisch) sind gegen Paracetamol oder einen der sonstigen Bestandteile von antiGripp
- bei erhöhter Schilddrüsenfunktion
- bei Asthma bronchiale
- während Schwangerschaft und Stillzeit
- von Kindern unter 12 Jahren

Wie ist antiGripp einzunehmen?

Nehmen Sie antiGripp immer genau nach Anweisung in diesem Beipackzettel ein. Fragen Sie Ihren Arzt oder Apotheker, wenn Sie sich nicht ganz sicher sind. Falls vom Arzt nicht anders verordnet, ist die übliche Dosis: Erwachsene und Jugendliche ab 12 Jahren bzw. ab 43 kg Körpergewicht nehmen den Inhalt eines Beutels nach Auflösen in heißem Wasser ein. Die Einnahme soll nicht häufiger als alle 6 Stunden erfolgen.

→ Textknacker Klappe hinten

Der Beipackzettel ist schwer zu verstehen.
Er enthält unbekannte Wörter.

→ Textknacker 5 unbekannte Wörter

1 Was bedeuten die folgenden Fremdwörter?

das Granulat — der Infekt (Zeile 2)
das Symptom (Zeile 3) — die Dosis (Zeile 14)

a) Kläre ihre Bedeutung.
b) Schreibe die Wörter und ihre Bedeutung auf ein Blatt.

2 a) Kläre weitere unbekannte Wörter.
b) Schreibe die Wörter und ihre Bedeutung auf dein Blatt.
c) Ordne das Blatt in deinen **Lebensordner** ein.

Den Inhalt erschließen

1 Lies den Beipackzettel für **antiGripp** genau durch.

→ Textknacker 6, 7 der ganze Text

2 Worüber informiert der Beipackzettel?

a) Lies die folgenden Fragen.
b) Markiere die Antwort im Beipackzettel farbig.
c) Schreibe die Antworten in Sätzen auf.

Bei welchen Symptomen kann das Medikament angewendet werden?

Für welche Altersgruppe ist das Medikament gedacht?

Wie soll das Medikament eingenommen werden?

Wie häufig darf das Medikament eingenommen werden?

Jedes Medikament hat ein Verfallsdatum. Wenn das Datum überschritten ist, sollst du das Medikament nicht mehr einnehmen!

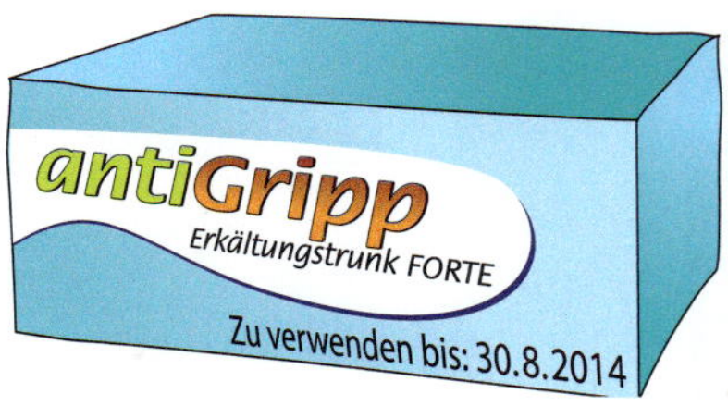

3 a) Woran erkennst du, ob man das Medikament noch einnehmen darf?

b) Welches Verfallsdatum ist auf der Verpackung angegeben? Markiere.

Das weiß ich über den Beipackzettel!

Zu jedem Medikament gehört genau ein Beipackzettel, denn für jedes Medikament sind andere Informationen wichtig.

1 Lies die Beipackzettel und die Medikamentenschachteln.

2 Welcher Beipackzettel gehört in welche Schachtel? Nummeriere.

①

Pronasus gegen Schnupfen
Dosierspray ohne Konservierungsmittel

Anwendungsgebiet:
Zur Abschwellung der Nasenschleimhaut bei Schnupfen

Alter:
Darf nicht angewendet werden bei Kindern unter 6 Jahren.

Anwendung:
Bei Kindern und Erwachsenen bis zu 3-mal täglich. Sollte in der Schwangerschaft nicht angewendet werden.

Gegenanzeige:
- bei Überempfindlichkeit gegen einen Inhaltsstoff
- bei erhöhtem Augeninnendruck
- bei Herzerkrankungen

②

Corsana

Anwendungsgebiet:
- bei Bluthochdruck
- bei Herzschwäche

Gegenanzeige:
Corsana darf nicht eingenommen werden:
- bei Überempfindlichkeit gegen einen der Inhaltsstoffe
- bei Nierenbeschwerden
- bei Leberfunktionsstörungen
- bei Schwangerschaft

Was ist bei Kindern zu berücksichtigen?
- Kinder unter 14 Jahren sollten mit dem Medikament nicht behandelt werden.

Anwendung:
Einmal täglich eine Tablette

③

Tutela

Was ist Tutela?
Tutela ist eine Creme zur Behandlung von Hauterkrankungen.

Wofür wird Tutela angewendet?
Tutela dient zur Behandlung von:
- Hauterkrankungen
- Hautrissen
- Hautschäden

Schwangerschaft und Stillzeit:
Besondere Beschränkungen in der Stillzeit bestehen nicht.

Kinder und ältere Menschen:
Eine besondere Anpassung ist nicht notwendig. Auch bei Kindern sind keine Nebenwirkungen bekannt.

Anwendung:
Bei Bedarf bis zu 3-mal täglich

Das weiß ich über den Beipackzettel!

Du kannst den drei Beipackzetteln wichtige Informationen entnehmen.

3 Ergänze die Tabelle. Schreibe Stichworte auf.

	① Pronasus	② Corsana	③ Tutela
Wofür wird das Medikament angewendet?			
Für welches Alter ist das Medikament vorgesehen?			
Wie oft sollte es täglich angewendet werden?			

Auf den Seiten 28–32 hast du verschiedene Beipackzettel kennen gelernt. Du hast auch Hilfen bekommen, wie du einen Beipackzettel lesen kannst.

4 Werte aus, was du gelernt hast. Manchmal sind mehrere Antworten richtig!

a) Ein Beipackzettel hilft mir, wenn ich wissen will,
- wie ich ein Medikament einnehmen soll. ☐
- wie viel das Medikament kostet. ☐

b) Wie lange ein Medikament haltbar ist, erkenne ich
- auf dem Beipackzettel. ☐
- am Verfallsdatum auf der Verpackung. ☐

c) Der Beipackzettel beschreibt,
- welche Inhaltsstoffe das Medikament enthält. ☐
- welche Nebenwirkungen entstehen können. ☐

5 Welche Aussagen sind richtig, welche sind falsch? Kreuze an.

	richtig	falsch
Ich erfahre, wer das Medikament erfunden hat.		
Ich erhalte Hinweise für die richtige Anwendung.		
Ich erfahre, wann ich wieder gesund bin.		
Es wird beschrieben, bei welchen Symptomen das Medikament hilfreich sein kann.		

Wenn du etwas auf dem Beipackzettel nicht verstehst, dann frage immer einen Arzt oder einen Apotheker!

Wie wasche ich Wäsche? – eine Bedienungsanleitung

Eine Bedienungsanleitung lesen

Jessi ist in eine Wohngruppe gezogen.
Die Waschmaschine sieht kompliziert aus.
Jessi findet in der Bedienungsanleitung wichtige Informationen.

So waschen Sie Ihre Wäsche

Laden der Wäsche in die Waschmaschine

1. Öffnen Sie die Tür, indem Sie den Türgriff sanft nach außen ziehen. Legen Sie die Wäsche in die Trommel.
2. Drücken Sie die Tür fest zu. Das Türschloss muss hörbar einrasten.

Wichtig! Achten Sie darauf, dass die Wäsche nicht zwischen Tür und Gummidichtung eingeklemmt wird.

Einfüllen von Waschmittel und Weichspüler

1. Ziehen Sie die Waschmittelschublade bis zum Anschlag* heraus. Messen Sie die benötigte Waschmittelmenge ab und schütten Sie das Waschmittel in das Fach für den Hauptwaschgang.
2. Falls erforderlich, füllen Sie Weichspüler in das Fach mit der Markierung ❀ (die verwendete Menge darf die Markierung MAX** in der Schublade nicht übersteigen).
3. Schließen Sie die Waschmittelschublade vorsichtig.

Wahl des gewünschten Programms mit dem Programmwähler

Für jede Art von Wäsche gibt es ein bestimmtes Programm. Die Programme werden in den Waschprogrammtabellen beschrieben (siehe Abschnitt **Waschprogramme**). Mit dem Programmwahlschalter legen Sie je nach Wäscheart das geeignete Waschprogramm und die Waschtemperatur*** fest. Drehen Sie also den Programmwahlschalter auf das gewünschte Programm. Der Programmwahlschalter lässt sich nach rechts oder links drehen. Drehen Sie den Programmwahlschalter auf 0, um ein Programm abzubrechen bzw. die Maschine auszuschalten.

Wichtig! Drehen Sie immer nach Ablauf des Programms den Programmwahlschalter wieder auf 0.

Starten der Waschmaschine

Zum Starten des ausgewählten Programms drücken Sie die Start-Taste. 1

→ Textknacker
2 die Überschrift
3 die Abschnitte

*Die Waschmittelschublade ist vollständig rausgezogen.

**die maximale Befüllung

***die Temperatur beim Waschen, z. B. 40° (40 Grad Celsius)

1 Wozu dient der Programmwahlschalter?

Eine Bedienungsanleitung lesen

Die Bedienungsanleitung auf der Seite 34 enthält Wörter, die wichtige Teile der Waschmaschine benennen. Die Abbildung zeigt die Teile.

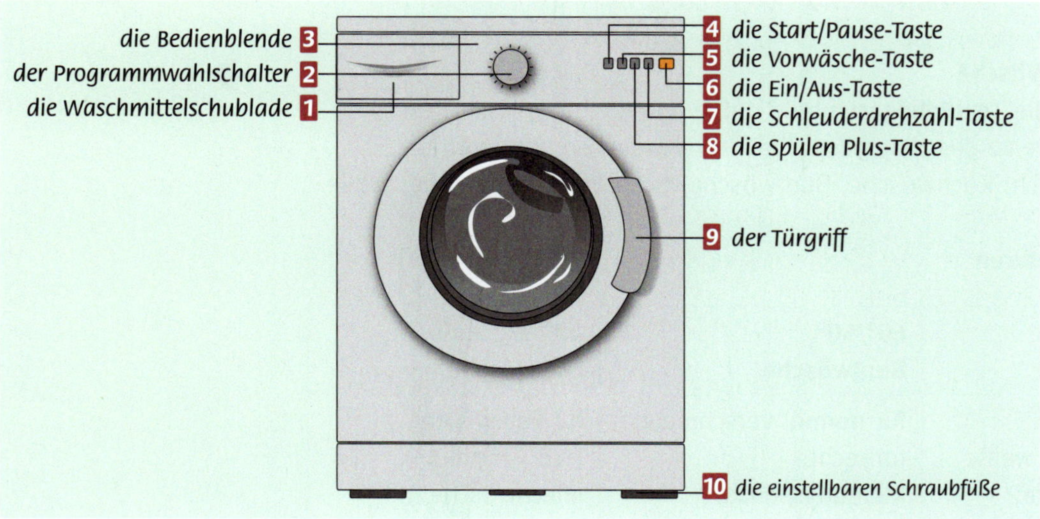

2 Welche dieser Teile sind wichtig, um die Bedienungsanleitung auf Seite 34 zu verstehen?
Markiere die Teile in der Abbildung.

3 Du willst Wäsche waschen. Was musst du nacheinander tun?
Nummeriere die Arbeitsschritte in der richtigen Reihenfolge (1–8).
Die Bedienungsanleitung auf Seite 34 hilft dir dabei.

- ◯ die Wäsche in die Trommel legen
- ◯ das Waschmittel abmessen und in das Fach für den Hauptwaschgang schütten
- ◯ die Tür öffnen
- ◯ das Programm mit dem Programmwahlschalter auswählen
- ◯ die Waschmittelschublade vorsichtig schließen
- ◯ die Tür zudrücken
- ◯ die Waschmittelschublade vollständig herausziehen
- ◯ das Programm starten

4 Schreibe eine Anleitung **Wie wäscht man Wäsche?** in dein Heft. Verwende die Wortgruppen aus Aufgabe 3.
Wende dabei die Schritte vom Schreibprofi an.
Zuerst öffnet man …

→ Schreibprofi Klappe vorn

Eine Bedienungsanleitung lesen

Jessi stellt nach dem ersten Waschen fest, dass ihr neuer Wollpullover eine Nummer kleiner geworden ist. Er ist eingelaufen. Jessi liest in der Bedienungsanleitung.

Sortieren der Wäsche
Beachten Sie die Textilpflegesymbole auf jedem Kleidungsetikett und die Waschhinweise des Herstellers. Bevor Sie waschen, sortieren Sie die Wäsche nach: Kochwäsche, Buntwäsche, Synthetik, Feinwäsche, Wolle.

Waschtemperaturen

95° oder 90° Kochwäsche	**60°/50° Buntwäsche**	**40°–30° kalt Feinwäsche**
für normal verschmutzte weiße Baumwolle und Leinen (z. B. Geschirrtücher, Handtücher, Tischtücher, Betttücher ...)	für normal verschmutzte, farbechte Kleidungsstücke (z. B. Hemden, Nachthemden, Schlafanzüge ...) aus Leinen, Baumwolle oder Synthetikfasern und für leicht verschmutzte weiße Baumwolle (z. B. Unterwäsche)	für Feinwäsche (z. B. Gardinen), Mischwäsche mit Synthetik und für Wolle mit dem Etikett „reine Schurwolle, Maschinenwäsche, nicht einlaufend“

2

→ Textknacker 3 die Abschnitte

1 Was muss Jessi vor dem Waschen machen?

______

______

2 Werte die Tabelle aus.

a) Schreibe auf, bei wie viel Grad man die Wäschearten wäscht.

– Buntwäsche: ______ , zum Beispiel ______

– Kochwäsche: ______

– Feinwäsche: ______

b) Ergänze jeweils ein Beispiel.

Textilpflegesymbole lesen

Nun sieht sich Jessi die Etiketten in ihren Kleidungsstücken an.

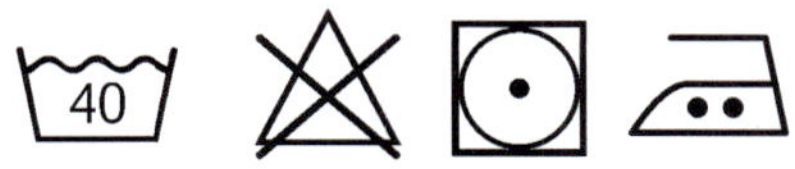

Maschinen-Wäsche 40° | nicht bleichen | im Trockner trocknen | warm bügeln

das T-Shirt

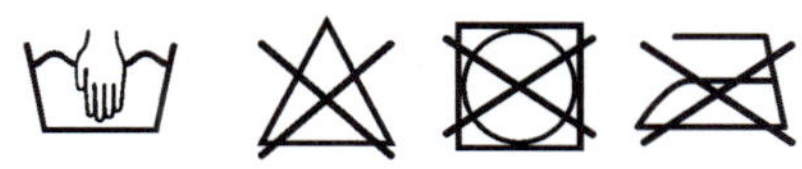

mit farbähnlichen Textilien waschen/ nach dem Waschen in Form ziehen/ liegend trocknen

der Wollpullover

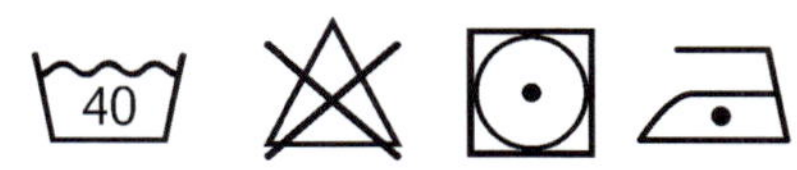

100 % Baumwolle/ COTTON/COTON/COTONE

die Jeans

3 Welche Bedeutung haben die verschiedenen Textilpflegesymbole? Verbinde.

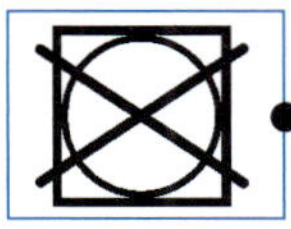

- nicht im Wäschetrockner trocknen
- nicht bügeln
- nur mit der Hand waschen
- Maschinenwäsche mit der maximalen Temperatur in Grad Celsius: **40°** für farbige T-Shirts und Unterwäsche mit elastischer Einfassung (bzw. Gummizug)

Auf den Etiketten stehen auch Fachwörter.

4 Klärt die Bedeutung der folgenden Fachwörter.
Schlagt dazu in einem Lexikon nach.

das Synthetik: ______________________________

die Viskose: ______________________________

5 a) Wie hätte Jessi ihren Wollpullover waschen sollen, damit er nicht einläuft?

____

b) Bei wie viel Grad sollte Jessi ihr T-Shirt waschen?

____

6 a) Seht euch die Etiketten in euren Kleidungsstücken an.
b) Erklärt euch, wie ihr die Kleidungsstücke waschen solltet.

Eine Tabelle lesen

Jessi will sich sicher sein, dass sie in Zukunft ihre Wollpullover und die anderen Kleidungsstücke richtig wäscht. Deshalb liest sie nach, welche Waschprogramme es gibt.

Waschprogramme

Programm / Temperatur	**Wäscheart**	**Zusatzfunktionen**	**Programm-beschreibung**
Koch-/Buntwäsche 95° 60°	Weiße und bunte Baumwolle (normal verschmutzt)	- U/min*/Spülstopp - Vorwäsche - Flecken 1) - Extraspülen - Zeitsparen	Hauptwäsche Spülgänge Langer Schleudergang Max. Beladung 7 kg Red. Beladung 2) 3,5 kg
40–60 Mix 40° 60°	Mischgewebe	- U/min/Spülstopp - Vorwäsche - Flecken - Extraspülen	Hauptwäsche Spülgänge Langer Schleudergang Max. Beladung 7 kg
Feinwäsche 40°	Zarte Gewebe: zum Beispiel Vorhänge	- U/min/Spülstopp - Vorwäsche - Flecken 1) - Extraspülen - Zeitsparen	Hauptwaschgang Spülgänge Kurzer Schleudergang Max. Beladung 3,5 kg Red. Beladung 2) 2 kg
Viskose 40°	Viskose-Wäschestücke	- U/min/Spülstopp - Vorwäsche - Flecken 1) - Extraspülen - Zeitsparen	Hauptwaschgang Spülgänge Kurzer Schleudergang Max. Beladung 3,5 kg
Sport – intensiv 40°	Sonderprogramm für stark verschmutzte Sportwäsche	- U/min/Spülstopp - Vorwäsche - Flecken 1) - Extraspülen	Vorwäsche bei 30° Hauptwaschgang Spülgänge Kurzer Schleudergang Max. Beladung 3 kg

1) Die Zusatzfunktion **Flecken** kann nur bei Temperaturen von 40 °C oder höher angewählt werden.
2) Wenn Sie die Zusatzfunktion **Zeitsparen** wählen, empfehlen wir Ihnen, die Beladung der Waschmaschine zu reduzieren (**Red. Beladung** = Reduzierte Beladung).

3

*Die Schleuderdrehzahl wird angegeben in Umdrehungen pro Minute, zum Beispiel 800 U/min.

Eine Tabelle lesen

1 a) Welche Informationen erhältst du in der Spalte **Programm/Temperatur**?

Sie zeigt an, mit welcher Temperatur die Wäsche bei diesem Programm gewaschen wird. ☐
Sie zeigt an, für welche Wäscheart das Programm geeignet ist. ☐

b) Welche Informationen erhältst du in der Spalte **Programmbeschreibung**?

Es wird beschrieben, welche Waschgänge es gibt und wie viel Kilogramm Wäsche in die Waschmaschine geladen werden darf. ☐

Es wird beschrieben, welche Zusatzprogramme es gibt. ☐

2 Werte die Tabelle aus. Beantworte die Fragen in Sätzen.

a) Jessi möchte T-Shirts, Pullover und Jeans waschen.
Welches Programm sollte sie wählen?

b) Wie hoch darf die maximale Beladung bei dem Programm Feinwäsche 40° sein?

c) Welches Programm kann Jessi für normal verschmutzte Baumwolle wählen?

Beim folgenden Beispiel kannst du zeigen, dass du die Tabelle mit den Waschprogrammen verstanden hast.

3 Du möchtest deine Sportkleidung waschen.
- Welches Programm solltest du wählen?
- Mit wie viel Wäsche kannst du die Waschmaschine maximal beladen?

Formulare ausfüllen

Meine persönlichen Daten

Jugendliche und Erwachsene müssen in ihrem Leben viele Formulare ausfüllen, zum Beispiel ein Anmeldeformular der Fahrschule oder einen Paketschein.

Anmeldeformular zum Erwerb von Fahrerlaubnisklassen

die Filiale: [redacted]

die gewünschte(n) Klasse(n): MOFA

das Anmeldedatum: 7.11.2011

die Abrechnungsart: [redacted]

Telefon privat: 0341/98 56 783

Telefon beruflich: -

die Staatsangehörigkeit: DEUTSCH

Paket und Päckchen Deutschland

Absender / Expéditeur

Max Heinze

Marktstraße 9

04157 Leipzig

Postleitzahl Ort

Deutschland / Allemagne

Auf Formularen stehen unterschiedliche Begriffe und Abkürzungen. Aber nicht auf jedem Formular stehen dieselben Begriffe und Abkürzungen.

1 Was steht für **Name**? Was steht für **Adresse** und was für das **Geburtsdatum**? Markiere zusammengehörige Begriffe und Abkürzungen mit der gleichen Farbe.

geb. am	Name	Zuname	geboren am
Str./Wohnort	Geb.datum	Anschrift	Fam.name
geb.	Str., PLZ, Ort	Geburtsdatum	
Adresse	Str., Nr./PLZ, Wohnort	wohnhaft	Nachn.

Egal, welches Formular du ausfüllen möchtest: Du musst deine persönlichen Daten kennen und richtig schreiben können.

2 Wiederhole deine persönlichen Daten. Ergänze.

Name, Vorname:

geboren am/in:

Straße, Hausnr.:

PLZ, Wohnort:

Telefon/Mobiltelefon:

Eine Monatskarte beantragen

Lukas freut sich auf den Beginn seiner Ausbildung zum Maler und Lackierer. Er möchte eine Kundenkarte für die öffentlichen Verkehrsmittel beantragen und füllt den Bestellschein aus.

1 Verschaffe dir einen ersten Überblick.
Lies die Überschriften der → Zeilen **1** – **4**.
- Welche Angaben werden von dir gemacht?
- Welche Stellen werden von der Schule ausgefüllt? Markiere gelb.
- Welche Felder werden von dem Verkehrsunternehmen ausgefüllt? Markiere grün.

2 a) Fülle den Bestellschein in Blockbuchstaben aus.
Trage bei **2** die Angaben zu einer Berufsschule deiner Wahl ein.
b) Unterschreibe den Bestellschein.

→ in Blockbuchstaben schreiben, z. B.: *LUKAS FEIST*

Bestellschein für eine Kundenkarte für Schüler und Auszubildende

→ **1 Persönliche Angaben** (Bitte in BLOCKBUCHSTABEN ausfüllen.)

Name, Vorname

Straße, Hausnummer

PLZ, Wohnort

Geburtsdatum Telefon tagsüber

→ **2 Gewünschte Verbindung** (Die blau hinterlegten Felder werden vom Verkehrsunternehmen ausgefüllt.)

Von Ort, Straße, Hausnummer Tarifgebiet ______

Nach Ort, Straße, Hausnummer Tarifgebiet ______

→ **3 Ihre Unterschrift**

Mit meiner Unterschrift erkenne ich die Beförderungsbedingungen und Tarifbestimmungen an.

X ____________________ ____________________________________

Ort, Datum Unterschrift des Bestellers/der Bestellerin oder der Erziehungsberechtigen

→ **4 Bestätigung der Schule/des Ausbildungsbetriebes** (Die Bestätigung muss nur von Schülerinnen/Schülern bzw. Auszubildenden ab 15 Jahren erbracht werden.)

Es wird bestätigt, dass sich der Besteller/die Bestellerin in schulischer Ausbildung bzw. in einem Ausbildungsgang befindet.

X ____________________ ____________________________________

Ort, Datum Stempel und Unterschrift des Ausbildungsbetriebs

3 Zeige den ausgefüllten Bestellschein deiner Lehrerin/deinem Lehrer.

Den Personalfragebogen ausfüllen

Lukas muss für seinen Ausbildungsbetrieb einen Personalfragebogen ausfüllen. Der Personalfragebogen ist für alle Mitarbeiter des Betriebes gleich. Als Auszubildender kann man deshalb nicht alle Fragen beantworten.

1 a) Lies den Personalfragebogen.
b) Welche Felder können von einem Auszubildenden wahrscheinlich nicht ausgefüllt werden? Markiere grün.

2 a) Fülle den Personalfragebogen mit deinen persönlichen Daten aus. Beachte die Hilfen in der Randspalte.
b) Unterschreibe den Personalbogen.

Der Personalfragebogen

Name, Vorname: ______________________

geboren am/in: ______________________

Straße/Hausnr: ______________________

PLZ, Wohnort: ______________________

Telefon/Mobiltelefon: ______________________

Familienstand: ☐ ledig* ☐ verheiratet ☐ geschieden

Kinderanzahl/-alter: ______________________

erlernter Beruf: ______________________

zurzeit beschäftigt als: ______________________

Staatsangehörigkeit: ______________________

Betreiben Sie eine Sportart? Welche? ______________________

Sind Sie im Besitz einer Fahrerlaubnis? ☐ ja ☐ nein

Wenn ja, welche Fahrerlaubnis? ______________________

Welcher Krankenkasse gehören Sie an? ______________________

*nicht verheiratet

→ die Staatsangehörigkeit eintragen, z. B.: deutsch, türkisch, polnisch

Den Personalfragebogen ausfüllen

Schul-/Berufsausbildung:	von	bis

→ die Schulart und die Jahreszahlen eintragen: Grundschule 2000–2004 …

Fremdsprachenkenntnisse:
(Bitte vergeben Sie auch Noten für Ihre Kenntnisse von 1–6, 1 = sehr gut):

____

____

Haben Sie sich schon einmal bei uns beworben? ☐ ja ☐ nein

Sind Verwandte von Ihnen bei uns beschäftigt? ☐ ja ☐ nein

Wenn ja, welcher Verwandschaftsgrad? ____________________

→ Verwandtschaftsgrade: der Vater, der Onkel, die Schwester …

frühere Arbeitgeber:	Tätigkeit von	bis

letzter Arbeitgeber: ____________________

bei einem Unfall/im Notfall zu verständigen:

(Name/Telefon) ____________________

Gelbhausen, den ____________________

Unterschrift: ____________________

Wen kann die Firma informieren, wenn du einen Unfall hast?
→ Beispiel:
Herr Heubeck,
067/77668

→ das heutige Datum eintragen

3 Zeige den ausgefüllten Personalbogen deiner Lehrerin/deinem Lehrer.

Sich beschweren – eine Reklamation schreiben

Eine Reklamation schreiben: die Form

Sandras Vater hat in der neuen Wohnung Teppichboden auslegen lassen. Nach kurzer Zeit stellt er erhebliche Mängel fest. Der Vater will die Handwerkerleistung reklamieren*.

* etwas beanstanden, sich über etwas beschweren

Berlin, 15.09.2011

Uwe Riemer
Winterstraße 12
16789 Berlin

Peter Polster
Bergstraße 96
16788 Berlin

Reklamation der Handwerkerleistung vom 05.09.2011

Sehr geehrter Herr Polster,

von Ihrem Mitarbeiter wurde in meiner neuen Wohnung Teppichboden ausgelegt. Leider musste ich schon nach einer Woche folgende Mängel feststellen:

1. Der Teppichbodenbelag löst sich vom Untergrund, besonders stark an den Stoßstellen**.
2. Es bilden sich Wellen und dadurch besteht Stolpergefahr.

Durch die genannten Mängel besteht eine erhebliche Unfallgefahr und es sieht nicht schön aus. Bitte prüfen und beheben Sie die Mängel in den nächsten 14 Tagen.
Ich bitte Sie, die eventuell notwendigen Nebenarbeiten wie Ausräumen zu übernehmen und sachgerecht auszuführen. Die anfallenden Kosten sind von Ihnen zu tragen.

Melden Sie sich bitte unter folgender Telefonnummer 123456, um einen genauen Termin zu vereinbaren.

Mit freundlichem Gruß

Uwe Riemer

** die Stellen, an denen die Teppichkanten aufeinandertreffen

Eine Reklamation schreiben: die Form

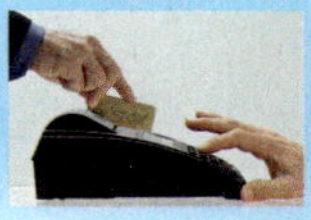

Eine schriftliche Reklamation ist ein Geschäftsbrief.
Ein Geschäftsbrief hat eine besondere Form.

1 Welche Bestandteile gehören zu einer Reklamation?
Beschrifte die Reklamation auf Seite 44.

der Absender — die Grußformel — die Unterschrift — der Betreff
der Ort, das Datum — die Anrede — die Adresse — der Textblock

Im Textblock einer Reklamation müssen wichtige Angaben stehen.

2 Welche Angaben stehen im Textblock der Reklamation von Sandras Vater? Schreibe Stichworte auf.

→ Stichworte aufschreiben S. 96

Welche Mängel wurden festgestellt?

Wann traten die ersten Mängel auf?

Was erwartet die Person, die reklamiert?

Bis wann sollen die Mängel behoben werden?

3 a) Welche Angaben müssen im Textblock einer Reklamation stehen?
Schreibe auf.
Verwende deine Ergebnisse von Aufgabe 2.
b) Vergleiche deine Angaben mit denen einer Partnerin/eines Partners.

- der Grund für die Reklamation (die Mängel)

Eine Reklamation schreiben: die Sprache

Beim Schreiben einer Reklamation musst du auf eine sachliche und höfliche Formulierung achten.

Achtung Fehler

Hallo Herr Berger,

vor Ihrem Mitarbeiter wurde in meiner Wohnung nach einem Wasserschaden die Küche neu tapeziert. Nach zwei Wochen gibt es schon voll den krassen Fehler. Die Tapete an der rechten Wand löst sich wieder ab und hängt komisch rum. Dadurch sieht meine Bude hässlich aus. Kommen Sie sofort und beseitigen Sie den Fehler.

Viele Grüße
Karsten

Karsten hat beim Schreiben der Reklamation nicht immer auf eine sachliche und höfliche Sprache geachtet.

1 a) An welchen Stellen muss Karsten die Reklamation sprachlich überarbeiten? Markiere.

b) Verbessere die Reklamation. Die Sprache in dem Brief auf Seite 44 hilft dir.

2 a) Schreibe eine Checkliste zu einer Reklamation. Denke an:
- alle Bestandteile
- die Angaben im Textblock
- die Formulierung der Reklamation

b) Ordne die Checkliste in deinen **Lebensordner** ein.

Eine Reklamation schreiben und überarbeiten

Es gibt im Alltag verschiedene Anlässe, um eine Reklamation zu schreiben, zum Beispiel:

> Du hast dir im Shirt-Shop, Kurze Straße 10 in 23456 Langhausen ein T-Shirt gekauft. Zuhause stellst du fest, dass das T-Shirt Mängel hat: Auf der Rückseite sind Schmutzflecken. Der Verkäufer möchte das T-Shirt nicht zurücknehmen. Du schreibst einen Beschwerdebrief an den Geschäftsführer, Herrn Bertmann.

1 Schreibe eine Reklamation.
Wende den Schritt 2 vom Schreibprofi an.
Verwende deine Checkliste **Eine Reklamation schreiben.**

→ Schreibprofi Klappe vorn

2 Überarbeite. Wende den Schritt 3 vom Schreibprofi an.

→ Schreibprofi Klappe vorn

Bankgeschäfte regeln – Informationen auswerten

Broschüren lesen und auswerten

**Tim (18) weiß, dass viele seiner Freunde Schulden haben.
Weil er sich davor schützen will, möchte er sich informieren.
Bei der Schuldnerberatung erhält er Broschüren über den Umgang mit Geld.**

Girokonto und Plastikgeld*

Viele Jugendliche haben bereits mit 14 Jahren ein Taschengeldkonto bei einer Bank. Sie bekommen ihr Taschengeld auf das Konto überwiesen und sollen lernen mit dem Geld umzugehen.

Mit einer Bankkarte für das Taschengeldkonto kann man nur Geld am Automaten abheben. Ist das Taschengeldkonto leer, gibt es auch kein Geld mehr aus dem Automaten.

2

Mit 18 Jahren ändert sich das bisherige Taschengeldkonto in ein Girokonto um. Mit diesem Konto kann man mehr machen. Man hat z. B. die Möglichkeit, Geld auf ein anderes Konto zu überweisen. Darüber hinaus kann man die Bankkarte zum Bezahlen nutzen. Das heißt: Man kann in einem Geschäft ohne Bargeld einkaufen.

Aber beim bargeldlosen Bezahlen besteht die Gefahr, dass man die Karte immer nutzt und keinen Überblick über die Ausgaben hat. Viele Menschen zahlen so und merken nicht, dass ihr Geld bereits aufgebraucht ist. Sie überziehen ihr Konto und müssen hohe Zinsen an die Bank zahlen.

3

* d e Bankkarte, die EC-Karte, die Kreditkarte

1 Werte die Broschüre aus.

a) Lies die Fragen.
b) Markiere die Antworten in der Broschüre.
c) Schreibe die Antworten in Stichworten auf.

→ Stichworte aufschreiben S. 96

Was sollen Jugendliche mit dem **Taschengeldkonto** lernen?

Wofür kann man das **Girokonto** nutzen?

Was bedeutet **bargeldloses Bezahlen**?

Tim liest weiter in der Broschüre.

➔ Textknacker
5 die Worterklärungen

Beim Girokonto besteht die Möglichkeit, einen Dispositionskredit* zu erhalten. Dieser wird oft auch Dispo genannt. Diesen Überziehungskredit erhält man, sobald man ein regelmäßiges Einkommen hat.

Beispiel: Peter verdient 300 Euro. Die Bank gibt ihm einen Dispokredit, der dreimal so hoch ist wie sein Einkommen. Peter kann somit sein Konto bis zu 900 Euro überziehen. Solange Peter über ein Einkommen von 300 Euro verfügt, kann er den Dispokredit beliebig oft nutzen.

4

Für den Dispokredit muss Peter jedoch Zinsen zahlen. Diese Überziehungszinsen sind sehr hoch. Sie liegen bei 12–15 %. Bei einem normalen Kredit zahlt man zwischen 5 und 8 % Zinsen.

Was sind nun Zinsen und was bedeutet das für Peter? Eine Bank leiht niemandem ihr Geld umsonst. Sie möchte mehr Geld zurückhaben, als sie verliehen hat. Überzieht Peter sein Konto einen Monat um 900,– Euro, zahlt er 11,25 Euro pro Monat an Zinsen. In einem Jahr sind das ca. 135,00 Euro.

5

*Die Bank ermöglicht, mehr Geld von der Bank zu bekommen, als auf dem Girokonto ist. Man kann das Konto überziehen.

2 Werte die Broschüre aus.

a) Lies die Fragen.
b) Markiere die Antworten in der Broschüre.
c) Schreibe die Antworten in Stichworten auf.

➔ Stichworte aufschreiben S. 96

Welchen anderen Namen gibt es für **Dispokredit**? ______________________

Wie oft kann man den **Dispokredit** nutzen? ______________________

____

Was sind **Zinsen**? ______________________

____

Wie hoch sind die Überziehungszinsen in der Regel? ______________________

3 Schreibe die Gefahren von Krediten in eigenen Worten auf.

____

____

____

Broschüren lesen und auswerten

Tim liest in der nächsten Broschüre.

Kaufen auf Pump – Wie viel verträgt das Konto?

Die Verlockung, sich etwas Neues anzuschaffen, ist oft groß. Durch Werbung oder Serien werden Konsumwünsche bei jungen Erwachsenen geweckt. Der Trend geht auch dahin, immer das Neueste haben zu müssen. Aber nicht immer können sich junge Erwachsene ihren Konsum auch leisten. Viele leben über ihre Verhältnisse, d. h. sie geben mehr Geld aus, als sie haben.

Ungefähr 30 % der jungen Erwachsenen lassen sich aus den oben genannten Gründen zu zahlreichen Ratenkäufen verleiten. Oft werden verschiedene Sachen gekauft und mit Raten bezahlt. So kommt es, dass mancher junge Erwachsene schon zwei oder drei Ratenkredite hat. Sie wissen oft nicht, welche Gefahren dahinter lauern. So sind die abzuzahlenden Raten meist hoch. Kauft ein junger Erwachsener auf diese Weise zu viel, muss er erkennen, dass er mehr Geld ausgibt, als er hat. Das Konto wird überzogen und die Schulden steigen an.

Beim Ratenkauf bei Kauf- und Versandhäusern denken die meisten Kunden, dass die Ware nach Erhalt ihr Eigentum ist. Der Schein trügt. Man hat zwar die Möglichkeit, die Ware sofort zu nutzen. Rein rechtlich wird man aber erst mit Zahlung der letzten Rate zum Eigentümer der Ware. Werden die Raten nicht bezahlt, kann die Ware wieder abgeholt werden. Manchmal kann die Ware nicht mehr genutzt werden, weil z. B. das Auto bei einem Unfall einen Totalschaden hat. Die Raten müssen jedoch weiterhin bezahlt werden.

→ Textknacker
3 die Abschnitte

1 a) Nummeriere die Abschnitte der Broschüre.
b) Schreibe zu jedem Abschnitt eine Überschrift.

Abschnitt 1: ______________________________

Abschnitt 2: ______________________________

Abschnitt 3: ______________________________

Broschüren lesen und auswerten

In der Broschüre stehen einige Fachwörter.

2 Kläre die Bedeutung der folgenden Fachwörter.
Schlage dazu in einem Lexikon nach.

die Rate: ______

der Ratenkredit: ______

______

3 Werte die Broschüre aus.

a) Lies die Fragen.
b) Markiere die Antworten in der Broschüre.
c) Schreibe die Antworten in Stichworten auf.

→ Stichworte aufschreiben S. 96

Wodurch werden Konsumwünsche oft geweckt?

______

______

Welche Gefahren gibt es bei der Zahlung auf Raten?

______

______

Was denken viele Kunden, wenn sie bei einem Versandhaus Waren per Ratenkauf bestellen?

______

Ab wann ist der Kunde Eigentümer der bestellten Versandhaus-Ware?

______

Was kann passieren, wenn der Kunde die Raten nicht zahlt?

______

Was ist, wenn die bestellte Ware nicht mehr genutzt werden kann?

______

______

Das weiß ich über den Umgang mit Geld!

Du hast Broschüren über den Umgang mit Geld gelesen und ausgewertet. Hier kannst du zeigen, ob du die wichtigsten Informationen gefunden hast.

1 Was ist richtig? Was ist falsch?
Kreuze an.

	richtig	falsch
Beim Taschengeldkonto kann nur Geld am Automaten abgehoben werden.		
Ein Girokonto kann man mit 14 Jahren haben.		
Ist das Taschengeldkonto leer, gibt es kein Geld mehr am Automaten.		
Die Bankkarte des Girokontos kann zum Bezahlen im Laden genutzt werden.		
Bei einem Dispokredit muss man keine Zinsen zahlen.		
Beim Überziehungskredit fallen hohe Zinsen an.		
Die Gefahr beim Zahlen mit der Bankkarte ist, dass man mehr Geld ausgibt, als man hat.		
Ratenkäufe können dazu beitragen, dass die Schulden steigen.		
Beim Kauf einer Ware auf Raten ist man sofort Eigentümer der Ware.		
Ist die letzte Teilzahlung erfolgt, gehört einem die Ware.		
Wenn Teilzahlungen nicht bezahlt werden, kann die Ware wieder abgeholt werden.		
Ist die Ware kaputt, muss nicht mehr weitergezahlt werden.		

2 Was bedeuten die folgenden Fachwörter? Ergänze.

Der Dispokredit ist ein Kredit, den man bei regelmäßigen ______________________

auf einem Girokonto von ________________ erhalten kann.

Die Zinsen bezahlt man zum Beispiel für die Nutzung eines ____________________.

Die Bank möchte für das geliehene Geld ______________________________.

3 Vergleiche deine Ergebnisse mit denen einer Partnerin/eines Partners.

Eine Checkliste schreiben

Du kannst die wichtigen Informationen aus den Broschüren in einer Checkliste festhalten.

1 Schreibe eine Checkliste zum **Umgang mit Geld**.
Verwende dazu deine Stichworte von Seite 48–52.

das Taschengeldkonto	- ab 14 Jahren - Geld kann nur am Automaten abgehoben werden. - kein Geld auf dem Konto → kein Geld zum Abheben
das Girokonto	
bargeldloses Bezahlen	Gefahr:
die Überziehungskredite	Gefahr:
die Ratenkäufe	Gefahr:

Wir fahren nach Berlin! – eine E-Mail schreiben

Eine offizielle E-Mail: die Form

Die Klasse plant ihre Abschlussfahrt. Kevin schreibt eine E-Mail an die Jugendherberge und sendet sie ab.

Senden An alle Anhang Adressen Schriften Farben

Von: Kevin@freenet.de Gesendet: Mo 19.11.2011 14:23
An: JugendherbergeGronewald@web.de
Betreff: Bitte um Zusendung von Informationsmaterial

— der Header

1 Sehr geehrte Damen und Herren,

2 wir interessieren uns für einen Aufenthalt in Ihrer Jugendherberge.
Können Sie mir bitte Ihre Preisliste und Informationsmaterial zusenden?
Für Ihr Bemühen herzlichen Dank.

3 Mit freundlichen Grüßen

4 Kevin Kramer

— der Body

Eine E-Mail hat eine besondere Form.

1 Aus welchen zwei Teilen besteht eine E-Mail?

2 Welche Angaben stehen im **Header** einer E-Mail?

3 Welche Angaben stehen im **Body** einer offiziellen E-Mail?
Schreibe in der richtigen Reihenfolge auf.

Eine offizielle E-Mail: die Anrede

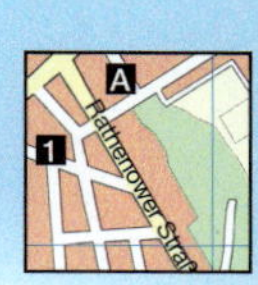

Frau Müller von der Jugendherberge hat Kevin geantwortet.

Senden An alle Anhang Adressen Schriften Farben

Von: JugendherbergeGronewald@web.de Gesendet: Di 20.11.2011 08:18
An: Kevin@freenet.de
Betreff: Preisliste und Broschüren

Sehr geehrter Herr Kramer,

ich danke Ihnen für Ihr Interesse an unserer Jugendherberge.
Gerne sende ich Ihnen die aktuelle Preisliste und unsere Broschüren per Post zu. Falls Sie weitere Fragen haben, dürfen Sie sich gerne erneut an mich wenden.

Mit freundlichen Grüßen
Frau Müller

1 Wie redet Frau Müller Kevin an?
a) Markiere die Anrede grün.
b) Schreibe die Anrede auf.

2 Welche Anredepronomen verwendet Frau Müller?

a) Markiere die Anredepronomen gelb.
b) Schreibe die Anredepronomen auf.

3 Wie werden Anredepronomen in offiziellen E-Mails geschrieben?
Ergänze den Merksatz.

! **Die Anredepronomen ________, ________, ________ und Ihre schreiben wir in Einladungen, Bewerbungen, ____________ und Briefen ____________.**

4 Wie verabschiedet sich Frau Müller von Kevin?

a) Markiere die Grußformel rot.
b) Schreibe die Grußformel auf.

Eine E-Mail schreiben und überarbeiten

Kevin möchte freie Zimmer in der Jugendherberge anfragen.
Er überlegt sich einen passenden Betreff für seine E-Mail.
Der Betreff enthält kurz den wichtigsten Inhalt der Nachricht.

1 Welchen Betreff sollte Kevin wählen? Kreuze an.

Klassenfahrt ☐ Zimmeranfrage ☐

Vielen Dank ☐ Preisliste ☐

2 Schreibe einen Entwurf für Kevin.
Wende dabei die Schritte **1** und **2** vom Schreibprofi an.
Verwende dein Ergebnis von Aufgabe 1.

→ Schreibprofi Klappe vorn

Von: Kevin@freenet.de
An: JugendherbergeGronewald@web.de

Betreff: ______________________

____

____

____

____

____

____

____

____

____

→ wir benötigen Zimmer

vom 15.–20.12.2011

ein Lehrer,
eine Lehrerin,
acht Jungen,
fünf Mädchen

mitteilen, ob noch etwas frei ist

herzlichen Dank

3 Wende den Schritt **3** vom Schreibprofi an. Prüfe deinen Entwurf.

Das habe ich getan:	✓
Ich habe einen passenden Betreff gewählt. Ich habe eine passende Grußformel geschrieben. Ich habe mit meinem Namen unterschrieben.	☐ ☐ ☐
Ich habe die Anredepronomen großgeschrieben. Ich habe das erste Wort im Satz großgeschrieben.	☐ ☐

Eine E-Mail schreiben und überarbeiten

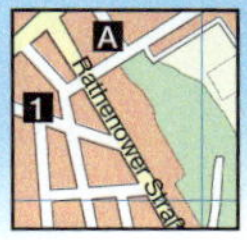

Frau Müller schreibt Kevin, dass es noch freie Zimmer gibt. Sie bittet um eine verbindliche Buchung*. Außerdem möchte sie wissen, welche Art der Verpflegung gewünscht wird.**

* fest reservieren
** das Essen, die Nahrung

4 Entwirf die E-Mail an Frau Müller.
- Schreibe die verbindliche Buchung.
- Buche Halbpension (Frühstück und Abendessen).

Wende dabei die Schritte 1 und 2 vom Schreibprofi an.

→ Schreibprofi Klappe vorn

Von: Kevin@freenet.de
An: JugendherbergeGronewald@web.de

Betreff: ____________________

____
____
____
____
____
____
____
____

5 Wende den Schritt 3 vom Schreibprofi an. Prüfe deinen Entwurf.

Das habe ich getan:	✓
Ich habe einen passenden Betreff gewählt. Ich habe eine passende Grußformel geschrieben. Ich habe mit meinem Namen unterschrieben.	☐ ☐ ☐
Ich habe die Anredepronomen großgeschrieben. Ich habe das erste Wort im Satz großgeschrieben.	☐ ☐

Die Jugendherberge bietet auch verschiedene Zusatzleistungen an. Kevins Klasse möchte die Zusatzleistung Disco buchen. Die Klasse erhält dadurch verbilligte Eintrittspreise.

6 Buche die Zusatzleistung **Disco**. Schreibe die E-Mail an Frau Müller in dein Heft. Wende dabei die Schritte vom Schreibprofi an.

Wir fahren nach Berlin! – geografische Karten lesen

Einen Stadtplan lesen

**Die Klasse 10 plant ihre Abschlussfahrt nach Berlin.
Clara und Paul überlegen, was sie in Berlin besichtigen können.
Zur Orientierung sehen sie sich einen Stadtplan an.**

das Bundeskanzleramt C3

das Reichstagsgebäude D3

das Brandenburger Tor E4

die Siegessäule A 4/5

der Potsdamer Platz D5

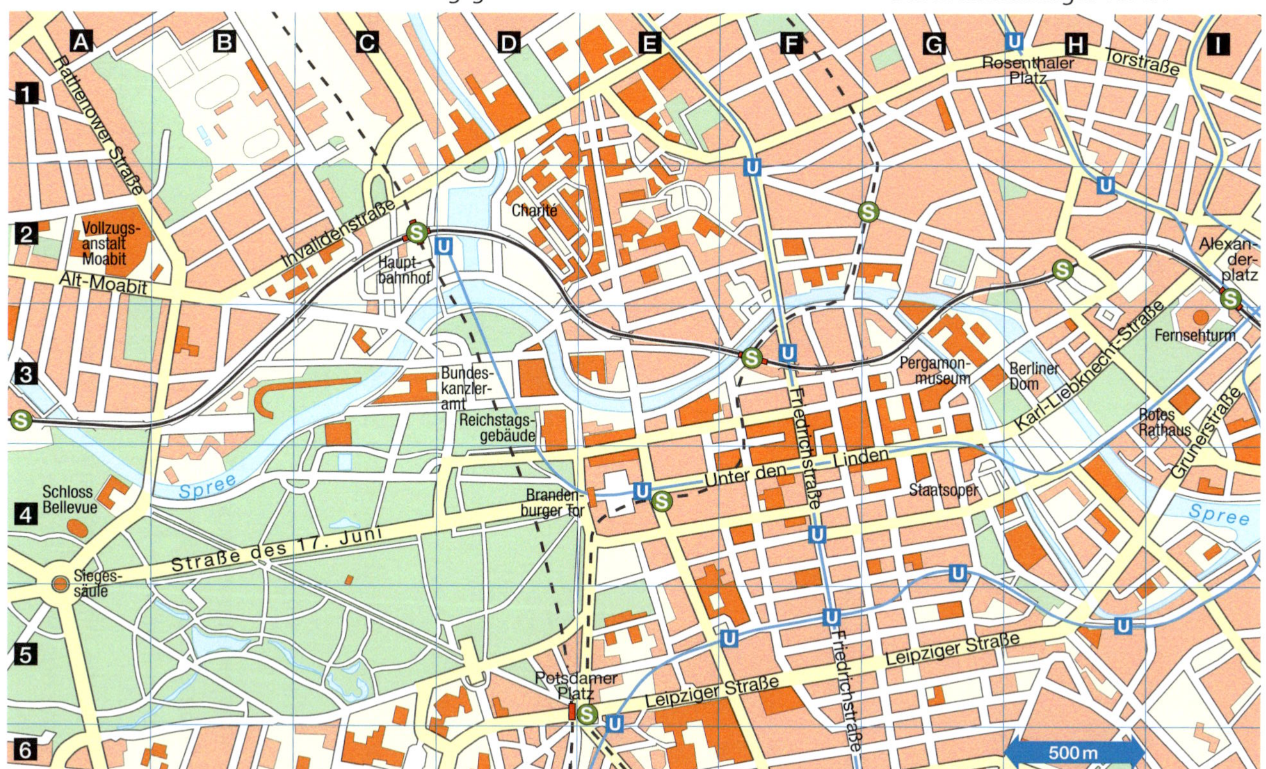

der Fernsehturm I3

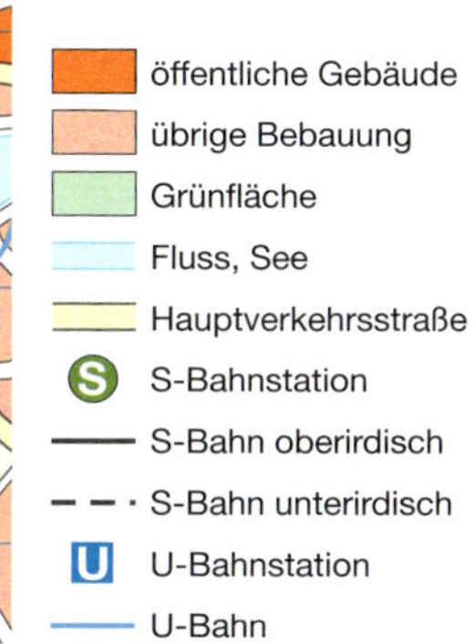

1 Verschaffe dir einen ersten Überblick. Was ist auf dem Stadtplan abgebildet?

Einen Stadtplan lesen

Jeder Stadtplan hat eine Legende. Sie hilft dir, den Stadtplan zu verstehen.

2 Was bedeuten die folgenden Farben, Linien und Symbole? Beschrifte mit Hilfe der Legende.

Viele Stadtpläne sind außerdem in Planquadrate* eingeteilt.
Planquadrate helfen dir, Sehenswürdigkeiten oder Straßen schneller zu finden.

3 a) Finde die folgenden Sehenswürdigkeiten und Straßen auf dem Stadtplan.
b) Markiere sie farbig.

das Schloss Bellevue **A4** — die Straße des 17. Juni **A–D4**
das Pergamonmuseum **G3** — die Friedrichstraße **F2–6**

* Planquadrate A1–2

4 Clara und Paul haben acht Sehenswürdigkeiten ausgewählt, die sie besichtigen wollen.
a) Sieh dir die Fotos und Bildunterschriften auf Seite 58 an.
b) Finde die Sehenswürdigkeiten auf dem Stadtplan. Die Planquadrate helfen dir.
c) Verbinde jedes Foto mit der Sehenswürdigkeit.

5 Clara und Paul planen einen Spaziergang vom **Brandenburger Tor** zum **Fernsehturm** am Alexanderplatz.
a) Zeichne einen Weg auf dem Stadtplan ein, bei dem die Klasse an 3 Sehenswürdigkeiten vorbeikommt.
b) Schreibe auf, welche Sehenswürdigkeiten man auf deinem Weg besichtigen kann.

das Brandenburger Tor,

c) Beschreibe deinen Weg einer Partnerin/einem Partner.

zuerst … dann …
rechts … links …
geradeaus …
an der Kreuzung …
in die Straße …

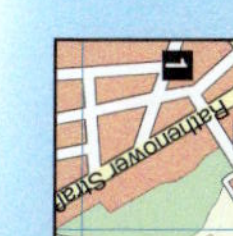

Einen Liniennetzplan lesen

Die Klasse möchte in Berlin auch die öffentlichen Verkehrsmittel nutzen. Matthias und Lisa haben deshalb einen Liniennetzplan organisiert.

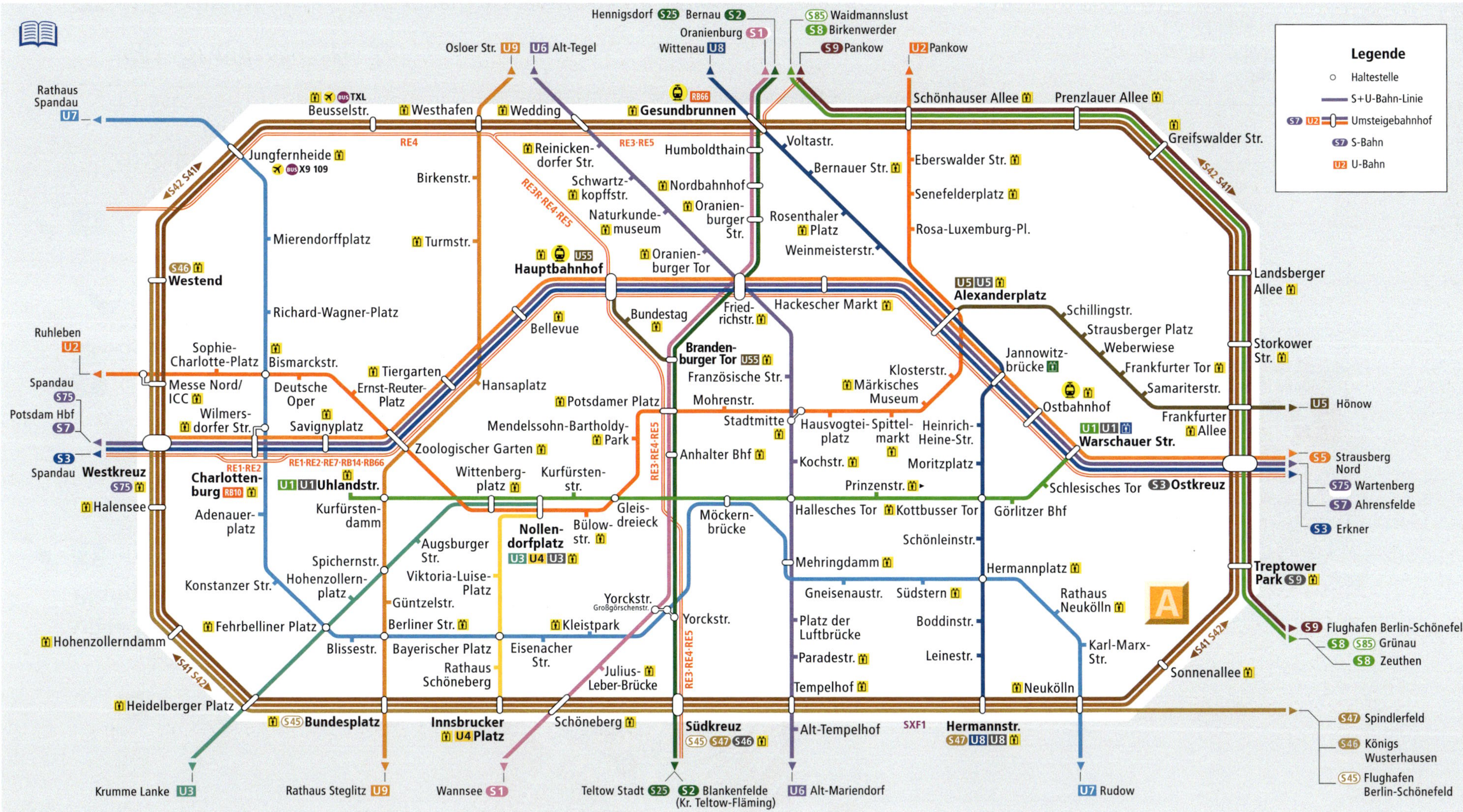

1 a) Verschaffe dir einen ersten Überblick. Was zeigt der Plan?

b) Lies die Legende. Welche Verkehrsmittel sind dargestellt?

Auf einem Liniennetzplan sind die S-Bahnen und U-Bahnen durch unterschiedliche Farben gekennzeichnet.

2 Welche Bahnen sind durch folgende Farben gekennzeichnet?

Dunkelgrün ______________ Orange ______________ Rosa ______________

Jede S-Bahn und U-Bahn hat zwei Endhaltestellen, zwischen denen die Bahn hin- und herfährt.

3 Zwischen welchen Endhaltestellen fahren die S 3 ——, die S 5 —— und die U 8 ——?
Verbinde jeweils mit der passenden farbigen Linie.

Spandau •	• Hermannstraße
Westkreuz •	• Erkner
Wittenau •	• Strausberg Nord

An jeder S-Bahn steht in welche Richtung sie fährt.

4 Matthias und Lisa überlegen, wie sie vom **Hauptbahnhof** zu ihrer Unterkunft bei der Haltestelle **Rosenthaler Platz** kommen.

a) Finde im Liniennetzplan die Haltestellen Hauptbahnhof und Rosenthaler Platz.
b) Markiere sie.

5 Die Klasse will an der Haltestelle Alexanderplatz umsteigen.

a) Mit welchen S-Bahn-Linien gelangt die Klasse vom **Hauptbahnhof** zum **Alexanderplatz**?

S 1 ☐ S 2 ☐ S 3 ☐ S 5 ☐ S 8 ☐ S 7 ☐ S 75 ☐

b) In welche Richtung müssen sie die S 3 nehmen? Richtung Endhaltestelle ______________

c) Mit welcher U-Bahn-Linie gelangen sie vom Alexanderplatz zum **Rosenthaler Platz**? ______________

d) In welche Richtung müssen sie die U-Bahn nehmen? Richtung Endhaltestelle ______________

e) Wie heißt die Haltestelle zwischen Alexanderplatz und Rosenthaler Platz? ______________

Wasserverbrauch, Wasserverschmutzung

Vom Wasserverbrauch und seinen Folgen: ein Zeitungsartikel

Der folgende Zeitungsartikel informiert über Verursacher und Folgen der Wasserverschmutzung.

→ Textknacker
1 die Bilder
2 die Überschrift

Vom Wasserverbrauch und seinen Folgen

Sauberes Wasser ist die Lebensgrundlage für alle Lebewesen. Wir Menschen verbrauchen täglich Wasser. Dabei verschmutzen wir das Wasser auch.

In manchen Fabriken und Industrien werden zum Beispiel Gift- und Schadstoffe fehlerhaft entsorgt. Im Oktober 2010 überschwemmte eine giftige Schlammwelle mehrere Orte in Ungarn. Die giftige Schlammwelle tötete vier Menschen und verletzte viele. Die Gifte gelangten ins Erdreich und in Flüsse.

Schlagzeilen machen auch immer wieder Tankerunfälle oder explodierende Ölplattformen. Am 20. April 2010 geriet die Ölplattform „Deepwater Horizon" in Brand und versank im Golf von Mexiko. Das Unglück hatte verheerende Folgen. Mindestens vier Millionen Liter Öl flossen wochenlang pro Tag ins Meer, da das Bohrloch undicht war. Zahlreiche Küstenstriche wurden durch das Öl verseucht. Tiere starben, da ihr Gefieder oder Fell stark verölt war.

Auch die Landwirtschaft trägt zur Wasserverschmutzung bei: Das Wasser wird durch die Verwendung von Schädlingsbekämpfungsmitteln verunreinigt. Insbesondere bei der Bodenbewirtschaftung werden Pestizide* gegen Unkraut, Schimmelpilze, Nagetiere, Schnecken und Algen eingesetzt. Durch die Niederschläge gelangen die Gifte auch in das Grundwasser, in Bäche und damit auch in Flüsse.

An den Wasserverschmutzungen sind aber auch die Privathaushalte beteiligt. Oft werden Medikamente, Farben und Lacke in der Toilette entsorgt. In den Klärwerken der Städte wird das Abwasser gereinigt. Trotzdem gelangen auch Abwässer in die nahe liegenden Seen und Flüsse, die wir im Sommer oft zum Baden nutzen. Einzelne Seen sind durch Algenblüte**, Bakterien oder Gülle*** aus der Landwirtschaft belastet. Deshalb müssen regelmäßige Wasserkontrollen erfolgen, um die Wasserqualität zu überprüfen.

* die Pflanzenschutzmittel ** kurzfristiges starkes Algenwachstum *** der Dünger

Den Textknacker anwenden

In dem Zeitungsartikel stehen viele Informationen.
Du kannst dich besser orientieren, wenn du den Text gliederst.
Was in einem Abschnitt steht, gehört zusammen.

1 Wende den Schritt [3] vom Textknacker an.

→ Textknacker
[3] die Abschnitte

a) Lies die Abschnitte.
b) Wähle für jeden Abschnitt eine Überschrift aus oder überlege dir eigene Überschriften.

| Verschmutzung durch die Landwirtschaft | Ölverschmutzung |
| Verschmutzung durch Privathaushalte | Fehlerhafte Entsorgung von Gift- und Schadstoffen |

c) Schreibe die Überschriften auf die Linien.

1 ______________________________

2 ______________________________

3 ______________________________

4 ______________________________

Die Schlüsselwörter im Text sind besonders wichtig.

2 Wende den Schritt [4] vom Textknacker an.

→ Textknacker
[4] die Schlüsselwörter

a) Markiere in Abschnitt 1 die folgenden Schlüsselwörter:

Fabriken Industrien Gift- und Schadstoffe
fehlerhaft entsorgt giftige Schlammwelle in Ungarn

b) Markiere in den anderen Abschnitten selbstständig die Schlüsselwörter.

Einige Wörter werden unter den Abschnitten erklärt.
Manche Erklärungen findest du, wenn du den ganzen Satz liest
oder das Wort in einem Lexikon nachschlägst.

3 Wende den Schritt [5] vom Textknacker an.

→ Textknacker
[5] die Worterklärungen

a) Erkläre folgende Wörter in einem Satz:

die Lebensgrundlage: ______________________________

der Küstenstrich: ______________________________

der Privathaushalt: ______________________________

b) Kläre weitere für dich unbekannte Wörter. Schlage ihre Bedeutung nach.

Den Sachtext verstehen

Du hast den Zeitungsartikel in Abschnitte gegliedert und jedem Abschnitt eine Überschrift gegeben.
Du hast auch die wichtigen Schlüsselwörter markiert.

4 Wende die Schritte [6] und [7] vom Textknacker an.

a) Lies den ganzen Zeitungsartikel auf Seite 62.
b) Schreibe die wesentlichen Informationen auf.
Stelle dazu W-Fragen und beantworte sie.

→ Textknacker
[6], [7] der ganze Text

Wer? Was? Wie?
→ Wann? Wodurch?

5 Welche Informationen findest du außerdem wichtig?
Schreibe in Sätzen auf.

Den Sachtext verstehen

Du hast den Zeitungsartikel genau gelesen und die wesentlichen Informationen aufgeschrieben.

6 Was ist richtig? Was ist falsch?
Worüber macht der Zeitungsartikel keine Aussage?

	richtig	falsch	keine Aussage
Wasser ist die Lebensgrundlage für alle Lebewesen.			
In manchen Fabriken werden Giftstoffe fehlerhaft entsorgt.			
Eine giftige Regenwolke überquerte im Oktober 2010 mehrere Orte in Ungarn.			
Am 20. April 2010 geriet die Ölplattform „Deepwater Horizon“ in Brand und versank im Golf von Mexiko.			
Die Ölplattform „Deepwater Horizon“ geriet durch eine Explosion in Brand.			
Bei der Bodenbewirtschaftung wird kein Wasser verunreinigt.			
Privathaushalte sind auch an den Wasserverschmutzungen beteiligt.			
Ein übertriebener Einsatz von Wasch- und Reinigungsmitteln schadet dem Wasser nicht.			
In den Klärwerken der Städte wird das Abwasser gereinigt.			

7 Welche vier Verursacher der Wasserverschmutzung werden im Zeitungsartikel benannt? Antworte in Sätzen.

8 Was kannst du dazu beitragen, um zu Hause das Wasser sauber zu halten und zu sparen?

a) Informiere dich.
b) Schreibe Sätze in dein Heft.

So halte ich das Wasser sauber
...
So spare ich Wasser
...

Unfälle mit Öl im Meer: ein Säulendiagramm

Das folgende Säulendiagramm zeigt die Auswirkungen verschiedener Ölunfälle.
Die Legende informiert über die Namen der verunglückten Öltanker und Ölplattform. Sie nennt auch die Orte der Unfälle.

1 Lies das Säulendiagramm.

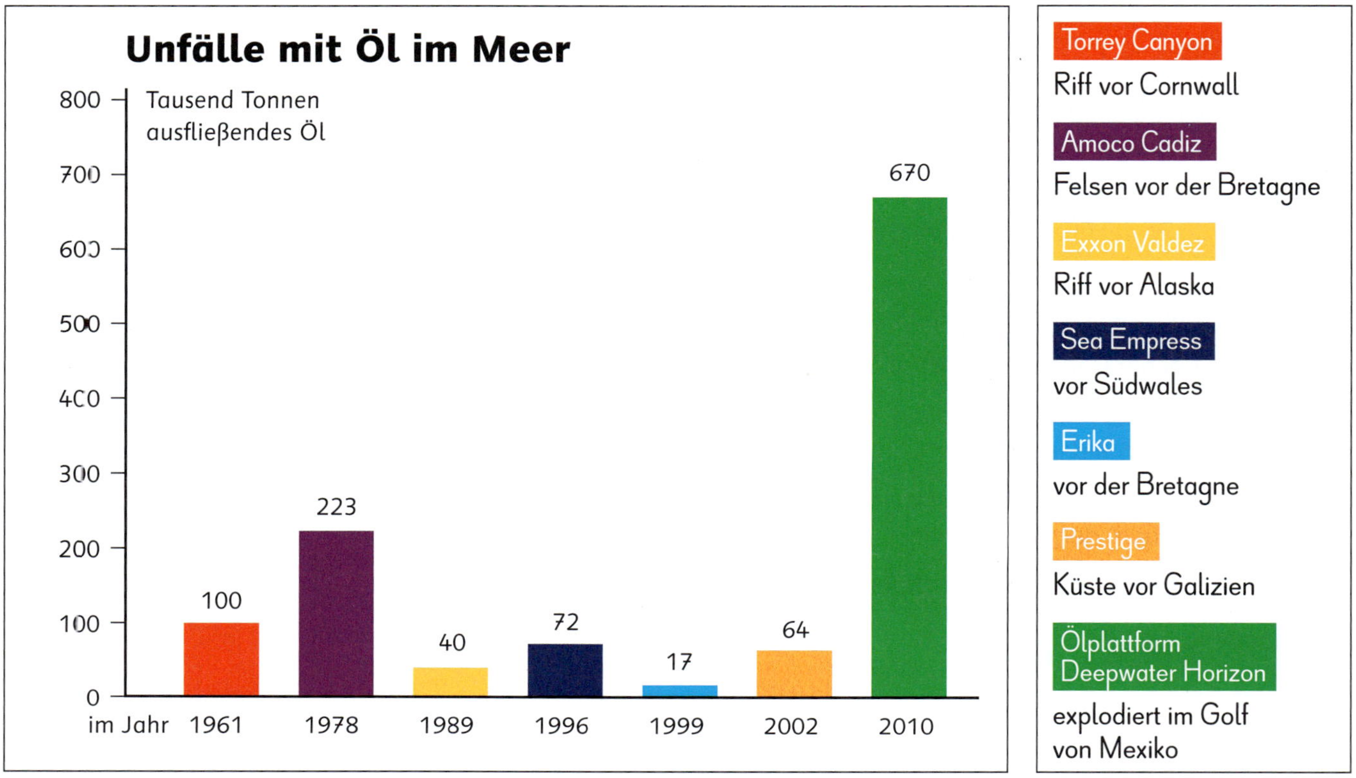

2 Was zeigt das Säulendiagramm? Nenne das Thema.

3 a) Was wird auf der waagerechten Achse dargestellt?

b) Was wird auf der senkrechten Achse dargestellt?

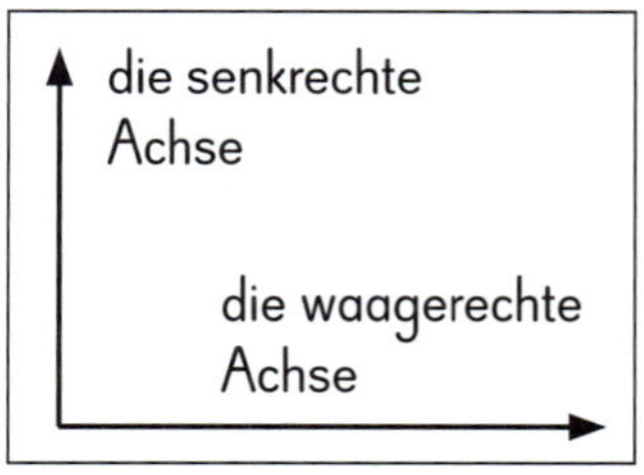

Unfälle mit Öl im Meer: ein Säulendiagramm

4 Was erfährst du über den Ölunfall von 2002? Schreibe auf:

die Menge des ausfließenden Öls: ______________________

den Namen des Öltankers: ______________________

den Ort des Unfalls: ______________________

Die einzelnen Säulen mit den angegebenen Zahlen lassen sich miteinander vergleichen.

ein Säulendiagramm:

- Je höher eine Säule ist, umso größer ist die Menge.
- Die Zahl bei jeder Säule sagt, wie groß die Menge ist.

5 Beantworte die Fragen.
Vergleiche dazu die Länge der Säulen.
Schreibe Sätze auf.

a) Bei welchem Unfall ist das wenigste Öl in das Meer geflossen?

____

____

b) Bei welchem Unfall ist das meiste Öl in das Meer geflossen?

____

____

6 Was ist richtig? Was ist falsch?
Worüber macht das Säulendiagramm keine Aussage?

	richtig	falsch	keine Aussage
Das Diagramm zeigt Öltankerunfälle in den Jahren 1961 bis 2011.			
Das Diagramm informiert über die Anzahl der getöteten Tiere pro Öltankerunfall.			
Im Jahr 1978 ereignete sich ein Öltankerunfall, bei dem 223 Tonnen Öl ausgeflossen sind.			
Im Jahr 1989 sank der Öltanker Exxon Valdez im Riff vor Alaska.			
Im Jahr 1999 explodierte der Öltanker Erika.			

7 Welche Folgen haben Unfälle mit Öl für das Ökosystem Meer?

a) Recherchiere im Internet.
b) Schreibe Sätze in dein Heft.
Unfälle mit Öl – die Folgen für das Ökosystem Meer
…

→ für die Tiere
für die Pflanzen
für den Menschen
als Nutzer

Badeseen bei Leipzig: ein Balkendiagramm

Der folgende Text informiert über ein Naherholungsgebiet.

Die Seen im Leipziger Neuseenland

Das Gebiet um Leipzig stand mehr als ein Jahrhundert im Zeichen der Braunkohle-Industrie. Die Folgen waren „Mondlandschaften“, verschmutzte Flüsse und Luftverschmutzung durch Rauchabgase.

Nach Schließung der Tagebaue soll das Gebiet nun anders genutzt und neu gestaltet werden: Aus den ehemaligen Kohlegruben entsteht die Tourismusregion Leipziger Neuseenlandschaft. Sie wird aus 18 Seen bestehen und eine Wasseroberfläche von 70 km^2 haben.

Die Seen am Rande der Stadt verlocken zum Baden. Eine Auswahl der Badeseen stellen wir Ihnen hier vor:

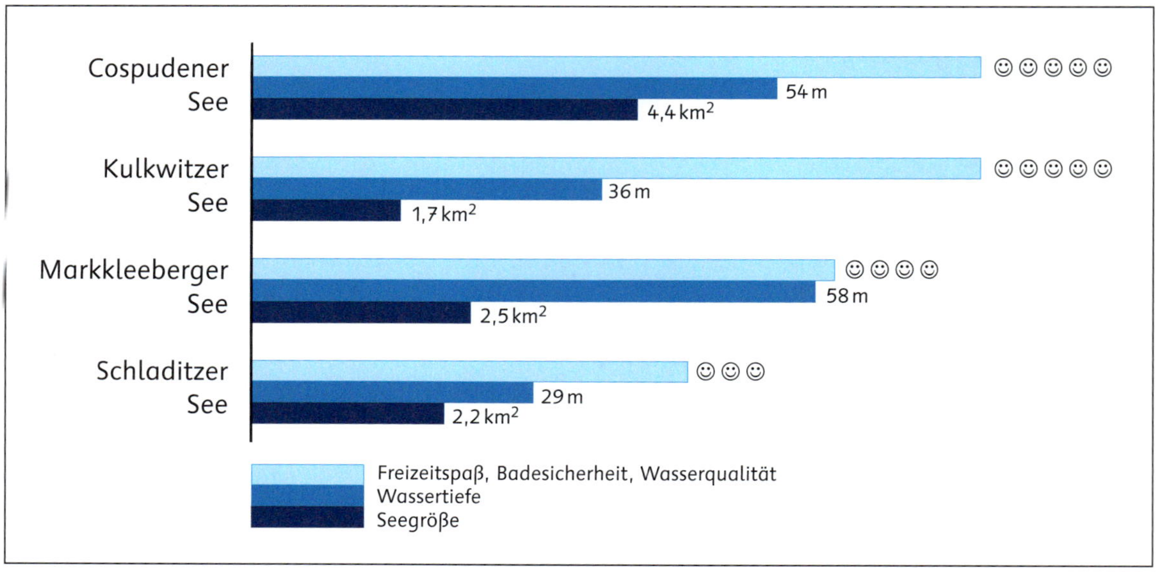

1 a) Worüber informiert der Text?

b) Welche zusätzlichen Informationen enthält das Diagramm?

Badeseen bei Leipzig: ein Balkendiagramm

Zu jedem See erhältst du drei Informationen.
Sie werden in den Balken dargestellt.

2 Vergleiche **die Größe** und **die Wassertiefe** der vier Seen.
Schreibe den passenden Namen auf.

der kleinste See: ______________________

der größte See: ______________________

der tiefste See: ______________________

der flachste See: ______________________

3 Erkläre folgende Wörter in einem Satz.
Schlage dazu in einem Lexikon nach oder recherchiere im Internet.

der Freizeitspaß: ______________________

die Badesicherheit: ______________________

die Wasserqualität: ______________________

4 a) Warum werden in dem Diagramm Smileys dargestellt?

____

____

____

b) Welche zwei Badeseen bieten denselben Freizeitspaß, dieselbe Badesicherheit und Wasserqualität?

____

____

5 In welchem See würdest du am liebsten baden? Begründe.

____

____

____

Eine Ballade lesen und verstehen

John Maynard

Die folgende Ballade erzählt von einem schrecklichen Ereignis.

→ Textknacker
1 die Bilder
3 die Abschnitte
5 die Worterklärungen

1 Lies die Ballade.
Wende die Schritte 1, 3 und 5 vom Textknacker an.

John Maynard

John Maynard!
„Wer ist John Maynard?"
„John Maynard war unser Steuermann*,
Aus hielt er, bis er das Ufer gewann,
Er hat uns gerettet, er trägt die Kron,
Er starb für uns, unsre Liebe sein Lohn,
John Maynard."

✱

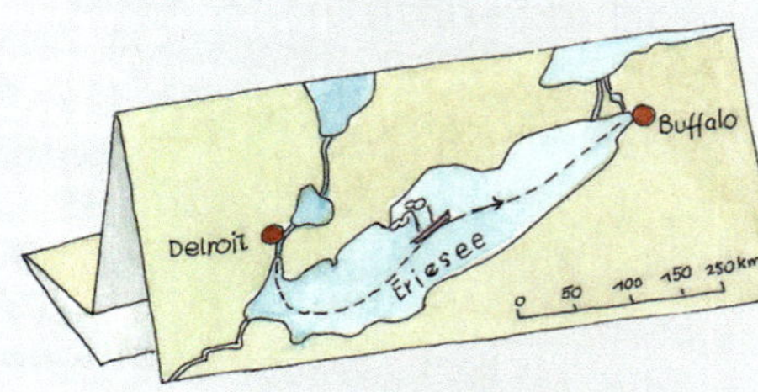

Die Schwalbe fliegt über den Eriesee,
Gischt schäumt um den Bug wie Flocken von Schnee;
Von Detroit fliegt sie nach Buffalo –
Die Herzen aber sind frei und froh,
Und die Passagiere mit Kindern und Fraun
Im Dämmerlicht schon das Ufer schaun,
Und plaudernd an John Maynard heran
Tritt alles: „Wie weit noch, Steuermann?"
Der schaut nach vorn und schaut in die Rund:
„Noch 30 Minuten ... Halbe Stund."

Alle Herzen sind froh, alle Herzen sind frei –
Da klingt's aus dem Schiffsraum her wie Schrei,
„Feuer!" war es, was da klang,
Ein Qualm aus Kajüt** und Luke drang,
Ein Qualm, dann Flammen lichterloh,
Und noch zwanzig Minuten bis Buffalo.

Und die Passagiere, bunt gemengt,
Am Bugspriet*** stehn sie zusammengedrängt,
Am Bugspriet vorn ist noch Luft und Licht,
Am Steuer aber lagert sich's dicht,
Und ein Jammern wird laut: „Wo sind wir? Wo?"
Und noch fünfzehn Minuten bis Buffalo.

* eine Person, die ein Schiff steuert/fährt ** Räume, in denen die Passagiere schlafen
*** ein Mast am vorderen Teil des Schiffes

John Maynard

Der Zugwind wächst, doch die Qualmwolke steht,
Der Kapitän nach dem Steuer späht,
Er sieht nicht mehr seinen Steuermann,
Aber durchs Sprachrohr fragt er an:
„Noch da, John Maynard?"
„Ja, Herr. Ich bin."
„Auf den Strand! In die Brandung!"
„Ich halte drauf hin."
Und das Schiffsvolk jubelt: „Halt aus! Hallo!"
Und noch zehn Minuten bis Buffalo.

„Noch da, John Maynard?" Und Antwort schallt's
Mit ersterbender* Stimme: „Ja, Herr, ich halt's!"
Und in die Brandung, was Klippe, was Stein,
jagt er die Schwalbe mitten hinein,
Soll Rettung kommen, so kommt sie nur so.
Rettung: der Strand von Buffalo.

✶

Das Schiff geborsten**. Das Feuer verschwelt***.
Gerettet alle. Nur einer fehlt!

✶

Alle Glocken gehn; ihre Töne schwell'n
Himmelan**** aus Kirchen und Kapell'n,
Ein Klingen und Läuten, sonst schweigt die Stadt,
Ein Dienst nur, den sie heute hat:
Zehntausend folgen oder mehr,
Und kein Aug im Zuge, das tränenleer.

Sie lassen den Sarg in Blumen hinab,
Mit Blumen schließen sie das Grab,
Und mit goldner Schrift in den Marmorstein
Schreibt die Stadt ihren Dankspruch ein:
„Hier ruht John Maynard! In Qualm und Brand
Hielt er das Steuer fest in der Hand,
Er hat uns gerettet, er trägt die Kron,
Er starb für uns, unsre Liebe sein Lohn.
John Maynard."

Theodor Fontane

* leiser, erstickender ** kaputt, zerbrochen *** gelöscht **** hoch, nach oben

Den Inhalt erschließen

**Der Textknacker hilft dir, einen Text zu lesen und zu verstehen.
Du kannst den Textknacker auch für die Ballade anwenden.**

1 Wende die Schritte [1] und [2] vom Textknacker an.

→ Textknacker
[1] die Bilder
[2] die Überschrift

a) Sieh dir die Bilder an.
b) Lies die Überschrift.

John Maynard

1

2
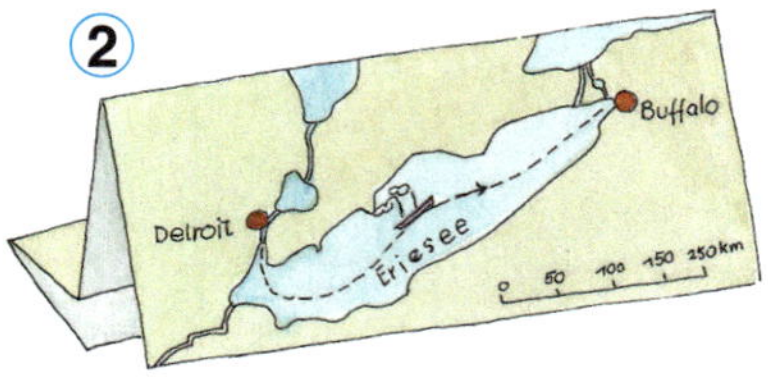

3

4

5

6

7

8

c) Wovon erzählt die Ballade? Was ist passiert?
Schreibe deine Vermutungen auf.

Den Inhalt erschließen

**Hier ist der Inhalt der Ballade kurz zusammengefasst.
Die Sätze stehen aber in der falschen Reihenfolge.**

2 Ordne die Sätze in die richtige Reihenfolge. Nummeriere.

( ) Die Passagiere stehen zusammengedrängt auf dem vorderen Teil des Schiffes. Am Steuer ist viel Rauch. Es sind noch 15 Minuten bis Buffalo.

( ) In der Stadt hört man nur die Glocken läuten. Die Menschen weinen.

( ) Der Rauch am Steuer wird immer dichter. John Maynard bleibt trotzdem am Steuer. Es sind noch 10 Minuten bis Buffalo.

( ) Das Schiff ist am Strand von Buffalo angekommen. Das Schiff ist kaputt und das Feuer ist aus. Alle sind gerettet, aber eine Person nicht.

(1) Zwei Leute sind auf dem Friedhof. Sie sprechen über den Steuermann John Maynard.

( ) Das Schiff mit dem Namen **Schwalbe** fährt mit vielen Passagieren auf dem Eriesee. Das Schiff befindet sich 30 Minuten vor der Stadt Buffalo.

( ) Zwanzig Minuten vor Buffalo bricht ein Feuer auf dem Schiff aus.

( ) John Maynard wird beerdigt. Auf seinem Grabstein steht: „Er steuerte das brennende Schiff an das Ufer. Er hat uns gerettet. Er ist für uns gestorben."

**Mit der folgenden Aufgabe kannst du überprüfen,
ob du die Ballade verstanden hast.**

3 Was ist richtig? Kreuze an.

a) **Wer war** John Maynard?

Er war der Steuermann auf dem Schiff Schwalbe. ☐

Er war ein Passagier auf dem Schiff Schwalbe. ☐

b) **Was tat** John Maynard?

Er ließ Rettungsboote zu Wasser. ☐

Er steuerte ein brennendes Schiff sicher nach Buffalo. ☐

c) **Was passierte** John Maynard?

Er überlebte schwer verletzt das Schiffsunglück. ☐

Er starb im Feuer, aber rettete alle Passagiere. ☐

Sprachliche Mittel untersuchen

Der Dichter Theodor Fontane erzählt in der Ballade ein spannendes Ereignis. Die Spannung entsteht durch besondere sprachliche Mittel.

1 Lies noch einmal die Strophen 2–5 der Ballade.

[...]
Die Schwalbe fliegt über den Eriesee,
Gischt* schäumt um den Bug wie Flocken von Schnee;
Von Detroit fliegt sie nach Buffalo –
Die Herzen aber sind frei und froh,
Und die Passagiere mit Kindern und Fraun
Im Dämmerlicht schon das Ufer schaun,
Und plaudernd an John Maynard heran
Tritt alles: „Wie weit noch, Steuermann?“
Der schaut nach vorn und schaut in die Rund:
„Noch 30 Minuten ... Halbe Stund.“

Alle Herzen sind froh, alle Herzen sind frei –
Da klingt's aus dem Schiffsraum her wie Schrei,
„Feuer!“ war es, was da klang,
Ein Qualm aus Kajüt und Luke drang,
Ein Qualm, dann Flammen lichterloh,
Und noch zwanzig Minuten bis Buffalo.

Und die Passagiere, bunt gemengt,
Am Bugspriet stehn sie zusammengedrängt,
Am Bugspriet vorn ist noch Luft und Licht,
Am Steuer aber lagert sich's dicht,
Und ein Jammern wird laut: „Wo sind wir? Wo?“
Und noch fünfzehn Minuten bis Buffalo.

Der Zugwind wächst, doch die Qualmwolke steht,
Der Kapitän nach dem Steuer späht,
Er sieht nicht mehr seinen Steuermann,
Aber durchs Sprachrohr fragt er an:
„Noch da, John Maynard?“
„Ja, Herr. Ich bin.“
„Auf den Strand! In die Brandung!“
„Ich halte drauf hin.“
Und das Schiffsvolk jubelt: „Halt aus! Hallo!“
Und noch zehn Minuten bis Buffalo.
[...]

* der Schaum von starken Wellen

Sprachliche Mittel untersuchen

Damit du die Spannung auf dem Schiff miterleben kannst, benutzt der Dichter besondere sprachliche Mittel.

2 Der Dichter sagt immer wieder mit ähnlichen Sätzen, wie lange es noch bis Buffalo dauert.

a) Finde die ähnlichen Sätze in den Strophen. Markiere sie.

b) Wie wirkt es auf dich, dass die Minuten bis Buffalo gezählt werden? Beschreibe.

Damit du dir die Situation auf dem Schiff vorstellen kannst, verwendet der Dichter eine bildliche Sprache.

3 a) Umkreise die folgenden Beispiele für bildliche Sprache in den Strophen auf Seite 74.

wie Flocken von Schnee (Zeile 9) Von Detroit fliegt sie nach Buffalo (Zeile 10)

b) Ist es wirklich so, dass es schneit und dass das Schiff fliegt? Übersetze die bildliche Sprache mit deinen Worten.

Der Dichter lässt die Personen in der Ballade sprechen. Er benutzt dazu die wörtliche Rede.

4 a) Unterstreiche, was die Personen sagen:
- grün: die Passagiere
- rot: John Maynard
- blau: der Kapitän

b) Wie wirkt die Ballade durch die wörtliche Rede auf dich? Kreuze an oder beschreibe mit eigenen Worten.

langweilig ☐ lebendig ☐ merkwürdig ☐

Berichte vergleichen

Der Dichter Theodor Fontane bezieht sich in der Ballade auf eine echte Schiffskatastrophe. Hier stehen ein Zeitungsbericht und der Bericht von einem Mann, der das Unglück überlebt hat.

1 a) Lies die Berichte aufmerksam durch.
b) Finde die wichtigen Informationen.
- Stelle dazu W-Fragen und beantworte die Fragen mündlich.
- Markiere die Antworten im Text.

→ Was? Wer?
Wann? Wo?
Welche Ursache?
Welche Folgen?

→ Textknacker
Klappe hinten

①

10. August 1841

Entsetzliches Unglück:

Zerstörung des Dampfschiffes Erie durch Feuer und Verlust von einhundertsiebzig Leben!

Die Erie verließ Detroit um 16 Uhr 10. Circa 200 Personen waren am Bord. Alles lief ganz normal, als gegen 20 Uhr etwa 8 Meilen vor der Küste eine leichte Explosion gehört wurde. Fünf Minuten später stand das gesamte Schiff in Flammen. Der Kapitän Titus versuchte vergeblich, Schwimmwesten aus den Kabinen zu holen. Zwei Rettungsboote wurden herabgelassen, aber durch die schnelle Fahrt und die hohen Wellen kenterten* sie sofort. Zu Hilfe kam das Schiff Clinton und rettete einige Passagiere und Mannschaftsmitglieder, die auf dem Wasser umhertrieben.

*umkippen

②

28. August 1841

Bericht eines Überlebenden: Andrew Blila

Ich teilte meine Kabine mit einem anderen Passagier, der Seemann war. Als ich schlafen gehen wollte, hörte ich auf einmal ein ungewöhnliches Geräusch. Neugierig ging ich zur Kabinentür, öffnete sie und stand vor einer Flammenwand. Mein Mitbewohner griff sofort nach einer Decke und hielt sie als Schutz vor den Flammen über seinen Kopf. Dann stürzten wir uns durch die Flammen. Nachdem wir der direkten Bedrohung der Flammen entkommen waren, warf er Planken** über Bord. Er sagte mir, dass ich ins Wasser springen soll. Er sprang nach mir. Wir wurden als Letzte von einem Boot aufgenommen. Ich selbst überlebte fast unverletzt. Der Seemann, dem ich mein Leben verdanke, starb wenige Tage später an seinen schweren Verbrennungen.

**die Bretter

Berichte vergleichen

Informationsquellen geben manchmal unterschiedliche Informationen.

2 a) Werte die Informationsquellen aus:
- Trage ein, was du in den Berichten ① und ② erfährst.
- Mache einen Strich, wenn es keine Informationen gibt.

b) Vergleiche deine Ergebnisse mit denen einer Partnerin/eines Partners.

	① der Zeitungsbericht	② der Bericht des Überlebenden
Wie heißt das Schiff?	Erie	
Wann war der Zeitpunkt des Unglücks?		
Wo fand das Unglück statt?		
Wer versuchte die Passagiere zu retten?		
Was machten die Passagiere?		
Was war die Ursache des Unglücks?		
Wie viele Opfer gab es?		

Der Dichter Theodor Fontane hat in seiner Ballade einiges verändert.

3 Was steht in der Ballade, was in Wirklichkeit aber anders war?

4 Stelle dir vor, dass John Maynard die Katastrophe überlebt.
Berichte aus **seiner** Sicht, was passiert ist.
Schreibe auf, was er denkt, fühlt und sagt. Schreibe in dein Heft.
Wir waren schon eine ganze Weile unterwegs, als ich plötzlich einen Knall hörte.

Eine kurze Geschichte lesen und verstehen

Ein Wochenende mit Folgen

Die folgende Geschichte hat sich tatsächlich so zugetragen.

1 Lies die Geschichte. Wende dabei den Textknacker an.

→ Textknacker Klappe hinten

Ein Wochenende mit Folgen

Jan und Kevin rannten zum Zug. Heute war Montag und sie durften am ersten Tag der Woche nicht gleich zu spät zur Ausbildung kommen.

Noch nie hatten die beiden Freunde so ein aufregendes Wochenende erlebt! Sie waren am Samstag nach dem Fußballspiel noch ein paar Stunden in die Disco gegangen. Am Anfang war alles noch gut gewesen. Sie hatten Freunde getroffen, den Mädchen beim Tanzen zugesehen und sich entspannt. Wochenende eben. Aber dabei war es nicht geblieben …

Kevin wurde aus seinen Gedanken gerissen. „Hey, wir müssen aussteigen! Was ist los mit dir?“, fragte Jan. Kevin antwortete: „Mir geht der Samstagabend nicht aus dem Kopf.“ Jan konnte seinen Freund verstehen. Sie mussten etwas tun!

fünf – zwei – neun – dreiunddreißig – einhundert

Am Dienstag war es voll im Zug. „Was machen wir?“, fragte Jan zum zweiten Mal. Jan und Kevin hatten Angst. Es musste ihnen etwas einfallen! „Wir besorgen das Geld“, meinte Kevin. „Es bleibt uns nichts anderes übrig, oder?“ „Aber so viel haben wir nicht!“ Jan wusste nicht, wie sie das schaffen sollten, ganz ohne Hilfe. „Und wenn wir Micha oder Carlos …?“, Kevin sah in das verdutzte Gesicht von Jan. Besser, wenn er nicht weitersprach!

fünf – zwei – neun – dreiunddreißig – einhundert

Mittwochabend telefonierten Jan und Kevin fast eine Stunde lang. „Wen können wir fragen?“, Kevin klang leise und unsicher. Jan reagierte schroff. „Bist du bescheuert? Du kennst die Anderen doch. Kommen einfach nicht mit Niederlagen klar.“ „Aber so kommen wir nicht weiter. Du kannst dir doch vorstellen, dass es nicht dabei bleibt, oder?“ Jan wusste, dass Kevin Recht hatte! Ein Ende war nicht in Sicht. Aber er wollte Mut machen, obwohl auch ihm schon mulmig war. „Vielleicht fällt mir bis morgen noch was ein.“ Das war nicht leicht. Viel Zeit blieb ihnen nicht mehr!

Ein Wochenende mit Folgen

fünf – zwei – neun – dreiunddreißig – einhundert

Donnerstag. Kevin hatte es nicht mehr ausgehalten. Er hatte Carlos und Micha beim Mittagessen von ihrem Problem erzählt. Möglich, dass Jan ihm das übelnahm. Aber manchmal ging es doch nicht ganz alleine.

Am Abend nahm Kevin seine Jacke vom Haken und steckte die Schlüssel ein. Selten sagte er seinen Eltern Bescheid, wohin er ging. Heute war selten! Auf dem Zettel stand, wohin er mit Jan und seinen Freunden wollte und wann er zurück war. Kurzer Blick aufs Handy. Keine Nachricht. Also los!

fünf – zwei – neun – dreiunddreißig – einhundert

Jan reagierte erwartet sauer, als Kevin ihm sagte, dass Micha und Carlos dabei sein würden.
„Sie bleiben hinter uns. Keiner wird sie sehen."
„Das war nicht ausgemacht!", Jan ärgerte sich.

fünf – zwei – neun – dreiunddreißig – einhundert

Es war genau neun Uhr. Kevin und Jan waren pünktlich am Treffpunkt: Hausnummer 33. Die Anderen waren zu fünft. Jan und Kevin standen ihnen allein gegenüber! Aber sie wussten, dass sie sich im Notfall auf ihre Freunde Carlos und Micha verlassen konnten. Die beiden hatten sich hinter einer Hausecke versteckt.

„Habt ihr das Geld?", fragte der Kräftige. Kevin fühlte in der linken Tasche die Scheine. Sie reichten nicht. Es sollten einhundert Euro sein. Jan sprach leise, aber mit fester Stimme: „Ihr haltet euch wohl für sehr stark, fünf gegen zwei?" Es folgte ein kurzer Blickaustausch bei den Anderen. Sie lachten boshaft. Fast zu spät bemerkten Jan und Kevin die kurzen, kräftigen Stöcke hinter den Rücken der Anderen.

Kerstin Frainge

2 Worum geht es in der Geschichte?
Schreibe das Thema in einem Satz auf.

Den Inhalt erschließen

**Du hast die kurze Geschichte gelesen.
Mit den folgenden Aufgaben kannst du überprüfen,
was du verstanden hast.**

1 a) Lies die Fragen.
b) Kreuze die richtigen Antworten an.

An welchem Abend war in der Disco etwas passiert?

am Freitag ☐ am Samstag ☐ am Sonntag ☐

Wie fühlten sich Kevin und Jan nach diesem Abend?

entspannt ☐ vergnügt ☐ ängstlich ☐

Welches Problem hatten Jan und Kevin?

Sie hatten eine Prüfung nicht bestanden. ☐

Sie liebten dasselbe Mädchen. ☐ Sie brauchten Geld. ☐

Wann hatte Kevin mit den Freunden Carlos und Micha gesprochen?

gleich nach der Disco ☐ am Montag ☐ am Donnerstag ☐

Warum trafen Kevin und Jan die Anderen?

Sie wollten sich prügeln. ☐ Sie sollten Geld bringen. ☐

Sie wollten Zigaretten kaufen. ☐

**fünf – zwei – neun – dreiunddreißig – einhundert
In der Geschichte wird diese Zeile mehrmals wiederholt.**

2 a) Welche Wirkung hat die Wiederholung der Zeile auf dich?

____

____

b) Wofür stehen die Zahlen in der Zeile?

→ Zeile 43–53

fünf: ____

zwei: ____

neun: ____

dreiunddreißig: ____

einhundert: ____

In der Geschichte kommen verschiedene Personen vor.

3 a) Wer sind die beiden Hauptpersonen in der Geschichte?

b) Was erfährst du über die Hauptpersonen? Was über die Anderen? Schreibe Stichworte auf.

→ Stichworte aufschreiben S. 96

:

:

die Anderen:

In der Geschichte wird nicht deutlich, was am Samstagabend passierte und welches Problem Jan und Kevin mit den Anderen haben.

4 Warum haben Jan und Kevin ein Problem mit den Anderen?
Was könnte am Samstagabend passiert sein?
Schreibe deine Vermutungen in Sätzen auf.

Das Präteritum und die wörtliche Rede wiederholen

Du kannst eine Fortsetzung der Geschichte schreiben.
Dazu musst du die Sprache der Geschichte untersuchen.

Die Geschichte spielt in der Vergangenheit.
Wir verwenden deshalb Verben im Präteritum: er rannte.

1 a) Finde in der Geschichte 10 Verben im Präteritum.
b) Markiere sie.

2 Was könnte am Ende der Geschichte passiert sein? Du kannst die folgenden Verben für die Fortsetzung der Geschichte verwenden.

a) Bilde Verben in der Vergangenheit (Präteritum).
b) Schreibe die Verben als Wörterreihe auf.

→ holen, bringen, telefonieren, laufen, rufen …

schreien – er schrie – sie schrien

In der Geschichte sprechen die Personen miteinander.
Wir verwenden deshalb wörtliche Rede:
Kevin sagt: „So kommen wir nicht weiter."

3 a) Markiere in der Geschichte grün, was Kevin sagt.
b) Markiere in der Geschichte blau, was Jan sagt.

4 Was sagen Jan, Kevin und die Anderen bei ihrem Treffen?
Bilde Sätze. Verwende wörtliche Rede.

Der Kräftige sagt:

Eine Fortsetzung schreiben

Wie geht die Geschichte weiter?

**Jan und Kevin standen einer Gruppe von Jugendlichen gegenüber.
Die Situation war bedrohlich …**

1 Wie könnte eine gewalttätige Auseinandersetzung abgewendet werden? Stell dir vor, du wärst einer von den Jugendlichen.

a) Überlege, wie du dich verhalten würdest.
b) Überlege auch, was die anderen Jugendlichen tun könnten.
c) Schreibe deine Idee in Stichworten auf.

→ Stichworte aufschreiben S. 96

2 Schreibe nun deine Fortsetzung der Geschichte.
Schreibe in dein Heft.
Wende die Schritte 2 und 3 vom Schreibprofi an.

→ Schreibprofi
2 beim Schreiben
3 nach dem Schreiben

2 Beim Schreiben

Nun schreibe ich.
- Ich verwende meine Stichworte.
- Ich schreibe im Präteritum.
- Ich verwende wörtliche Rede.

3 Nach dem Schreiben

a) Ich prüfe meine Fortsetzung mit einer Partnerin/einem Partner:

Das habe ich getan:	✓
Ich habe alle Verben im Präteritum geschrieben.	☐
Ich habe bei der wörtlichen Rede die Satzzeichen gesetzt.	☐
Meine Fortsetzung ist verständlich.	☐

b) Ich markiere, an welchen Stellen ich überarbeiten sollte.
c) Ich überarbeite.

Das kann ich! Schriftlich argumentieren

Seit einigen Jahren gibt es Castingshows. Über die Teilnahme an diesen Shows gibt es sehr unterschiedliche Meinungen.

Castingshows – Karriere oder Untergang?

Über die Teilnahme an Castingshows vertreten Jugendliche, Lehrer, Psychologen und Eltern verschiedene Meinungen. Die eine Gruppe bewertet dies als gute Möglichkeit zum Start in eine Karriere. Die andere Gruppe ist der Ansicht, dass es ausschließlich darum geht, die Zuschauerzahlen zu steigern. Talente spielen dabei nur eine untergeordnete Rolle.

Janina (16) kann gut singen. Auf Feiern beim Sportverein hat sie bereits mehrmals Songs vorgetragen. Demnächst will sie daher ihre Anmeldung für eine Castingshow abgeben. Sie sagt: „Hier kann ich mein Talent in der Öffentlichkeit ausprobieren. Ein Auftritt steigert mein Selbstbewusstsein und er kann der Einstieg in meine Profi-Karriere sein. Die Zuschauer melden mir zurück, was ich kann. Ich bin bereit, hart an mir zu arbeiten. Vielleicht bekomme ich einen Plattenvertrag."

Janinas Eltern zögern damit, ihr Einverständnis für Janinas Teilnahme zu geben. Sie befürchten, dass ihre Tochter nicht ihr wahres Talent zeigen kann. Denn in Castingshows wird die Persönlichkeit der Teilnehmer oft beeinflusst, damit die Show Einschaltquoten bringt. „Janina soll sich nicht selbst verleugnen müssen. Wir wollen nicht, dass unsere Tochter von der Öffentlichkeit gemobbt wird und sie ihr Selbstbewusstsein verliert. Die gesamte Familie kann zwar vom Erfolg, aber auch vom Misserfolg betroffen sein. Wenn Janina sich auf eine Lehrstelle bewirbt, könnte ihr die Teilnahme an einer Castingshow zum Nachteil ausgelegt werden."

Psychologen befürchten, dass Jugendliche dem öffentlichen Druck nicht gewachsen sind. Um mehrere Ausscheidungsrunden zu überstehen, muss das normale alltägliche Leben ruhen. Lästereien und Konflikte würden in die Öffentlichkeit gezerrt, auch wenn sie oft nicht der Wahrheit entsprächen. Es sei außerdem fraglich, ob die Jugendlichen sich später wieder in ihrem Alltag zurechtfänden.

1 Nenne die zwei gegensätzlichen Meinungen zur Teilnahme an Castingshows.

Es ist die Chance, ______________________________

Es geht nur darum, ______________________________

Schriftlich argumentieren

In dem Zeitungsartikel stehen Argumente für und gegen die Teilnahme an Castingshows.

2 a) Markiere im Zeitungsartikel Argumente für (pro) die Teilnahme an einer Castingshow grün.
b) Markiere Argumente dagegen (kontra) rot.

3 a) Welches sind deiner Meinung nach die drei wichtigsten Argumente dafür? Welches sind die drei wichtigsten Argumente dagegen? Ordne in die Tabelle ein.

Argumente dafür (pro)	Argumente dagegen (kontra)

b) Ergänze in der Tabelle jeweils ein eigenes Argument dafür und ein Argument dagegen.
c) Ordne die Argumente nach Wichtigkeit. Nummeriere. Das wichtigste Argument soll jeweils am Schluss stehen.

4 a) Welche Meinung hast du über Castingshows?

finde ich gut ☐ finde ich nicht gut ☐

b) Schreibe deine Meinung mit passenden Argumenten auf. Beginne mit dem schwächsten Argument. Schreibe in dein Heft.

<u>Castingshows – Karriere oder Untergang?</u>
Ich finde die Teilnahme an Castingshows gut/nicht so gut, weil ...

Das kann ich! Einen Sachtext lesen

Der folgende Zeitungsartikel schreibt über Gründe, warum Jugendliche mit 18 Jahren aus der elterlichen Wohnung ausziehen oder doch lieber zu Hause wohnen bleiben.

Große Freiheit oder Hotel Mama?

Endlich keinen Ärger mehr mit den Eltern und keine nervigen Geschwister: In die eigene Wohnung zu ziehen und selber über sein Leben bestimmen zu können, das ist der große Traum vieler Jugendlicher.

Doch eine Wohnung bringt nicht nur die vermeintliche große Freiheit, sondern auch jede Menge Kosten und Arbeit. Helga Gürtler, Diplom-Psychologin aus Berlin, hat festgestellt: „Es ist immer häufiger so, dass Jugendliche zu Hause bleiben und Eltern und Jugendliche damit ganz zufrieden sind." Das sogenannte Hotel Mama hat ja auch unübersehbare Vorteile. „Das ist am billigsten", sagt zum Beispiel der 20-jährige Felix. Und es ist bequem. „Wenn man alleine wohnt, muss man sich um alles selbst kümmern", meint die 18-jährige Betty. Doch die kostengünstige Bequemlichkeit hat auch ihren Preis. „Egal wie alt man ist, man ist immer unter der Aufsicht der Eltern", weiß Felix. Experte Peters kann das bestätigen: „Eltern und Kinder bleiben immer Eltern und Kinder, also ihren Rollen verhaftet."

Der Auszug aus dem elterlichen Nest kann das Verhältnis zu den Eltern verbessern. „Manche Streitigkeiten entkrampfen sich, wenn man sich zum Beispiel nicht jeden Tag um irgendwelche alltäglichen Dinge streitet", sagt Helga Gürtler. Außerdem merkten die Jugendlichen, was die Eltern alles still und leise gemacht haben, und das äußere sich oft in Dankbarkeit.

Auch die Eltern behandeln ihre Kinder nach dem Auszug anders. „Der Respekt gegenüber den Kindern steigt", so Peters.

Die erste eigene Wohnung – ein erster Schritt in die Freiheit. Aber dafür muss man alles selbst bezahlen und alles selbst machen: Die Wäsche muss gewaschen werden, auch das Essen kommt nicht von selbst auf den Tisch.

Zu beachten ist auch die finanzielle Seite der eigenen Wohnung: Neben der Miete fordern viele Vermieter eine Kaution von bis zu zwei Kaltmieten. Das Geld gibt es beim Auszug wieder zurück, aber man muss es erst mal aufbringen. „Auch entstehen Kosten für Schönheitsreparaturen", gibt Dietmar Wall vom Deutschen Mieterbund zu bedenken.

Das kann ich! Einen Sachtext lesen

Mit den folgenden Aufgaben kannst du den Zeitungsartikel
Große Freiheit oder Hotel Mama? erschließen.

1 Die Überschrift nennt zwei Überlegungen zum Thema **Auszug mit 18**.
Formuliere sie mit eigenen Worten.

In dem Zeitungsartikel stehen verschiedene Gründe zum Thema Auszug mit 18.

2 Markiere im Zeitungsartikel:
- Gründe dafür: grün
- Gründe dagegen: rot

3 a) Warum ziehen Jugendliche von zu Hause aus?
Schreibe die Gründe aus dem Zeitungsartikel in Stichworten auf.

→ Stichworte aufschreiben S. 96

b) Warum ziehen Jugendliche **nicht** von zu Hause aus?
Schreibe die Gründe aus dem Zeitungsartikel in Stichworten auf.

4 a) Welche Aussagen sind richtig? Welche sind falsch? Kreuze an.
b) Belege deine Antworten. Schreibe dazu die passenden Textstellen aus dem Zeitungsartikel auf.

Es ist immer seltener, dass Jugendliche zu Hause bleiben. richtig ☐ falsch ☐

Ein Auszug der Kinder verbessert das Verhältnis zu den Eltern. richtig ☐ falsch ☐

Es hat viele Vorteile, zu Hause zu wohnen. richtig ☐ falsch ☐

Das kann ich! Diagramme lesen

Vierzehn Schülerinnen und Schüler haben abgestimmt, mit wie viel Jahren sie von zu Hause ausziehen würden. Das Ergebnis der Abstimmung zeigt das Kreisdiagramm.

Mit wie viel Jahren sollte man von zu Hause ausziehen?

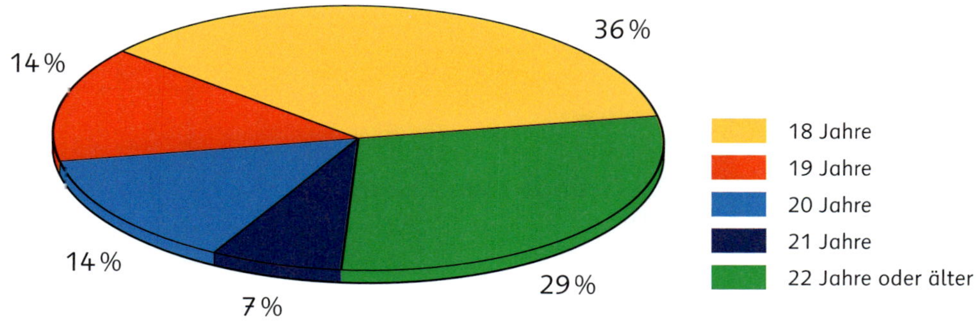

1 Wie würdest du abstimmen? Kreuze an.

18 Jahre ☐ 19 Jahre ☐ 20 Jahre ☐ 21 Jahre ☐ 22 Jahre oder älter ☐

2 Werte das Kreisdiagramm aus:

In welchem Alter würde die zweitgrößte Gruppe der befragten Jugendlichen ausziehen?

Wie viel Prozent der Jugendlichen meinen, dass man mit 21 Jahren ausziehen sollte?

Was meinen jeweils 14 Prozent der befragten Jugendlichen?

Jugendliche haben verschiedene Gründe für ihren Auszug:

Ausbildung am anderen Ort | Heirat | Streit | kein eigenes Zimmer

nicht auf dem Dorf wohnen | Freiheitsliebe | Wunsch nach Selbstständigkeit

3 a) Welches wären für dich die drei wichtigsten Gründe, um auszuziehen? Markiere oder schreibe eigene Gründe auf.
b) Begründe deine Auswahl. Schreibe Sätze in dein Heft.

Dieses Säulendiagramm zeigt, wie lange Jugendliche wirklich bei ihren Eltern wohnen.

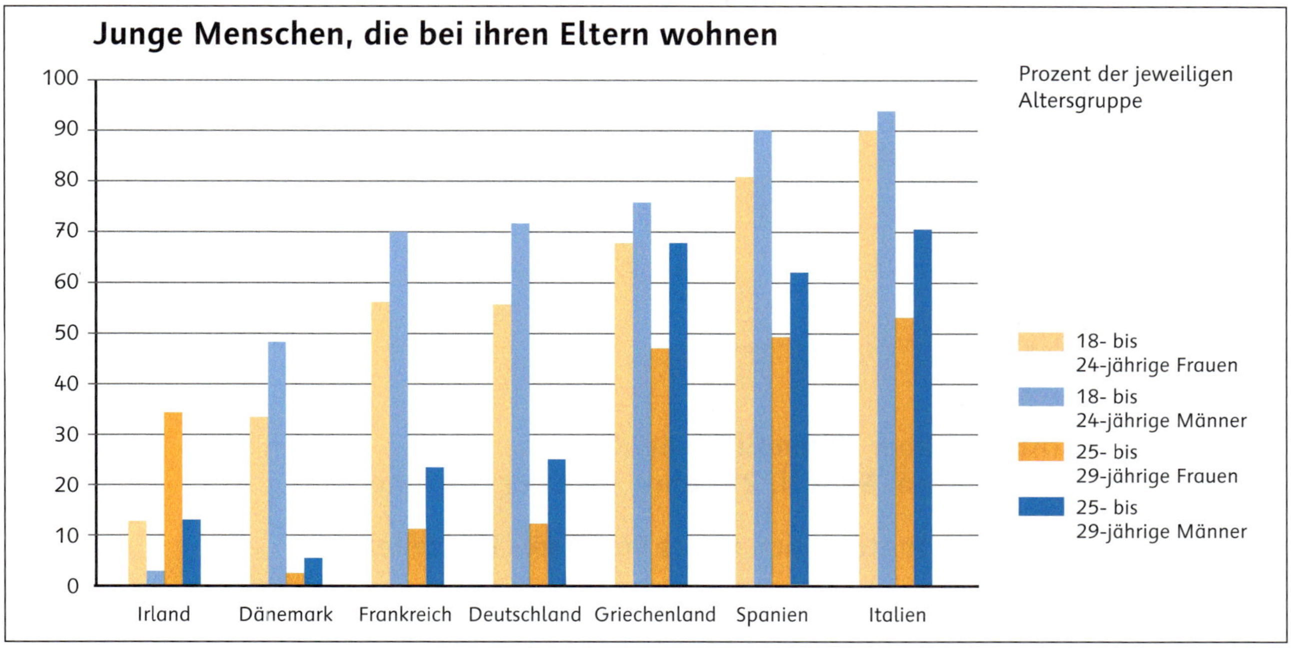

4 Werte das Balkendiagramm für **Deutschland** aus.

a) Über welche Personengruppen findest du Angaben?
b) Wie viel Prozent der jeweiligen Personengruppe wohnen bei den Eltern?

Personengruppe	Wie viel Prozent davon wohnen bei den Eltern?
	ca.

5 Werte das Balkendiagramm für **Dänemark** aus.

a) Wer wohnt von den 18- bis 24-Jährigen häufiger bei den Eltern?

Frauen ☐ Männer ☐

b) Wer wohnt von den 25- bis 29-Jährigen häufiger bei den Eltern?

Frauen ☐ Männer ☐

c) Von welcher Personengruppe wohnen ca. 5 % bei den Eltern?

Frauen im Alter von 18–24 Jahren ☐ Männer im Alter von 25–29 Jahren ☐

Das kann ich! Großschreibung

Ich möchte eine eigene Wohnung.
Gleich mit 18 bin ich am Packen.

1 Begründe, warum die markierten Wörter großgeschrieben sind. Formuliere Regeln.

In einer Zeitschrift wird über Jugendliche berichtet, die noch zu Hause wohnen. Marcel, 21 Jahre, ist einer von ihnen.

Achtung Fehler

als Marcel 16 war, konnte er sich nichts Schöneres vorstellen als eine eigene wohnung. (2) er war gerade in die hauptschulklasse gekommen und wollte mit 18 unbedingt weg von zu Hause. (2) marcel und seine Mutter stritten sich damals oft. (1) Die Mutter war am meckern, weil Marcel nicht genug im haushalt half, weil er zu viel am computer spielte und weil er am abend mal wegwollte. (4) Marcel war sauer, weil sich seine mutter zu viel in seine angelegenheiten einmischte. (2) irgendwann wurde Marcel und seiner Mutter das streiten zu viel. (2) Für das zusammenwohnen trafen beide eine vereinbarung. (2)

2 Wie ist der Konflikt zwischen Marcel und seiner Mutter ausgegangen?

3 Welche Wörter werden in den Sätzen großgeschrieben?

a) Beachte die Regeln aus Aufgabe 1.
b) Markiere die Fehlerwörter.
Die Zahl in der Klammer gibt dir jeweils die Anzahl an.

4 a) Vergleiche dein Ergebnis mit dem einer Partnerin/eines Partners.
b) Korrigiert euch gegenseitig.

5 Schreibe den Text richtig in dein Heft.

Wörter mit Doppelkonsonanten

Auch über Marcels Mutter berichtet die Zeitschrift.

Die Mutter dachte zuerst, dass sie sich nie vertragen könnten. Marcels Zimmer war unordentlich, seine Klamotten lagen überall herum und den Müll übersah er. Wenn die Mutter Essen kochte, war Marcel unterwegs. Wenn er im Haushalt helfen sollte, war er müde. Manchmal hoffte die Mutter, dass Marcel mit 18 seine Koffer packen würde. Aber das eigene Kind lässt man nicht so einfach ziehen. Marcel und seine Mutter sind sich einig: Marcel soll eine gute Ausbildung bekommen und erst reif genug sein. Seit die beiden eine Vereinbarung getroffen haben, klappt es besser.

1 Welche Gründe sprechen dafür, dass Marcel noch bei seiner Mutter wohnt?

2 Im Text stehen Wörter mit Doppelkonsonanten.

a) Markiere diese Wörter.
b) Schreibe die Wörter geordnet auf.
Benutze die Wortprofis für **Mitsprechwörter/Nachdenkwörter**.

Wörter mit ff: ______

Wörter mit ll: ______

Wörter mit mm: ______

Wörter mit nn: ______

Wörter mit pp: ______

Wörter mit ss: ______

Wörter mit tt: ______

3 Bearbeite die folgende Aufgabe in deinem Heft.

a) Schreibe alle Nomen aus Aufgabe 2 in der Einzahl und in der Mehrzahl auf.
der Koffer – die Koffer
b) Schreibe zu allen Verben aus Aufgabe 2 eine Wörterreihe auf.
hoffen – sie hofft – sie hoffte

Das kann ich! Wortarten

Im folgenden Text erfährst du, welche Vereinbarung Marcel und seine Mutter getroffen haben.

Die Vereinbarung

An einem Abend haben Marcel und seine Mutter vernünftig verhandelt. Die Mutter erklärte, dass sie sich für Marcels Erziehung verantwortlich fühlt. Marcel erinnerte sie daran, dass er kein Kind mehr ist, sondern volljährig und entsprechend behandelt werden möchte. Zusammen haben sie eine Vereinbarung getroffen: Das Essen kochen sie nun abwechselnd. Wenn der Wäschekorb voll ist, muss die Maschine angestellt werden. Beratung ist erwünscht, Verbote und Vorwürfe nicht. Marcel putzt auch ohne den Auftrag seiner Mutter und verdrückt sich nicht jedes Mal. Jeder sagt Bescheid, wohin er geht und wann er voraussichtlich wiederkommt. Seit die beiden sich geeinigt haben, hat sich ihr Verhältnis verbessert und Marcel denkt nicht mehr so oft an einen Auszug.

1 Wodurch hat sich das Verhältnis zwischen Marcel und seiner Mutter verbessert?

2 Im Text stehen Wörter mit **ver-**, **Ver-**.

a) Markiere diese Wörter.
b) Schreibe die Wörter geordnet auf.

Nomen:

Verben:

Adjektive:

3 Im Text stehen auch Wörter mit **vor-**, **Vor-**.

a) Markiere diese Wörter.
b) Schreibe die Wörter geordnet auf.

Nomen:

Adjektive:

4 a) Finde weitere Wörter mit **vor-**, **Vor-** und **ver-**, **Ver-**.
b) Ergänze sie bei Aufgabe 2 und 3.

→ im Wörterbuch nachschlagen …

Wörter mit b/d/g am Ende

Wörter mit b/d/g am Ende sind Nachdenkwörter.
Du hörst nicht, wie du sie schreiben musst. Verlängere die Wörter,
dann hörst du es: der Abend – viele Abende

1 Im Text auf Seite 92 findest du 6 Nomen mit b/d/g am Ende.

a) Markiere diese Nomen.
b) Schreibe die Nomen in der Einzahl und in der Mehrzahl auf.

d am Wortende: *der Abend – die Abende* ____________

____

b am Wortende: ____________

g am Wortende: ____________

2 Wie musst du die folgenden Verben schreiben?

a) Bilde von den Verben die Grundform (Infinitiv).
b) Schreibe die Verben vollständig auf.

b oder p?	er gi[b]t	→ *geben*	→ *er gibt*
	er schrei[ ]t	→ ____	→ ____
	sie schie[ ]t	→ ____	→ ____
g oder k?	er sa[ ]t	→ ____	→ ____
	sie bewe[ ]t	→ ____	→ ____
	er trä[ ]t	→ ____	→ ____

3 Wie musst du die folgenden zusammengesetzten Nomen schreiben?

a) Bilde von dem ersten Nomen die Mehrzahl.
b) Ergänze die Einzahl.
c) Schreibe die zusammengesetzten Nomen vollständig auf.

b oder p?	der Die[b]stahl	→ *die Diebe*	→ *der Dieb*	→ *der Diebstahl*
d oder t?	die Wan[ ]farbe	→ ____	→ ____	→ ____
	der Gel[ ]bote	→ ____	→ ____	→ ____
g oder k?	die Zu[ ]fahrt	→ ____	→ ____	→ ____

Zum Nachschlagen: Rechtschreiben und Grammatik

Großschreibung

Einige Wörter schreiben wir **immer groß**.
Wir nennen sie **Nomen (Namenwörter)**.

Aus Verben können **Nomen** werden.
Die Wörter **das**, **beim** und **zum** machen es!
das Fliegen – beim Fliegen – zum Fliegen

Die Anrede **Sie**, **Ihre**, **Ihrer** und **Ihnen** schreibt man in Einladungen, Bewerbungen und Briefen groß.

Satzzeichen: Punkt, Fragezeichen oder Ausrufezeichen?

Am Ende von einem Aussagesatz steht ein **Punkt**.
Am Ende von einem Fragesatz steht ein **Fragezeichen**.
Am Ende von einem Aufforderungssatz oder von einem Ausrufesatz steht meistens ein **Ausrufezeichen**.

Wortart: Nomen

Viele Nomen benennen **Lebewesen** (Menschen, Tiere, Pflanzen) und **Gegenstände**: die Frau, der Hund, der Baum, das Rad.

Einige Nomen benennen etwas, das wir **nicht anfassen** können: das Glück, der Friede, die Stunde.

Zu den Nomen gehört meist ein **Artikel (Begleiter)**: der, das, die.
Bei den meisten **Nomen** können wir die **Einzahl** und die **Mehrzahl** bilden.

Zusammengesetzte Nomen haben immer den Artikel (Begleiter) vom **zweiten** Nomen.

Zum Nachschlagen: Rechtschreiben und Grammatik

Wortart: Adjektiv

Adjektive (Wiewörter) sagen, **wie** etwas ist: rund, spitz.

Wortart: Verb

Manche Wörter sagen, was wir **tun/machen**.
Diese Wörter nennen wir **Verben (Tuwörter)**.

Wenn wir ausdrücken wollen, **was gerade passiert** oder **was wir gerade tun/machen**, benutzen wir Verben im **Präsens:** es regnet, er fährt.

Wenn wir **über Vergangenes mündlich erzählen**, benutzen wir Verben im **Perfekt**: er ist gekommen.

Wenn wir **über Vergangenes schreiben**, benutzen wir Verben im **Präteritum**: er machte.

Konjunktionen

Mit **aber/weil/wenn** können wir **Sätze verbinden**.
Wir nennen sie Bindewörter (Konjunktionen).

Mit **aber** können wir Einschränkungen ausdrücken.
Mit **weil** können wir etwas **begründen**.
Wir **wenn** können wir eine **Bedingung nennen**.

Vor **aber/weil/wenn** steht ein Komma.

Satzglieder

Die Antwort auf die Frage **Wer?** nennen wir **Subjekt**.
Die Antwort auf die Frage **Was tut?** nennen wir **Prädikat**.
Die Antwort auf die Frage **Wen** oder **was?** nennen wir **Akkusativ-Objekt**.
Die Antwort auf die Frage **Wem?** nennen wir **Dativ-Objekt**.

Das Subjekt, das Prädikat, das Akkusativ-Objekt und das Dativ-Objekt sind **Satzglieder**.

Abschreiben mit dem Satzprofi/Stichworte aufschreiben

Beim Satzprofi denke ich daran:
Ich schreibe nur in jede zweite Zeile.

So schreibe ich Sätze ab:

1. Ich lese den ersten Satz.
2. Ich merke mir die Wörter bis zum Strich genau.
3. Ich decke die Wörter ab.
4. Ich schreibe die Wörter auf.
5. Ich vergleiche. Ich streiche Fehlerwörter durch.
6. Ich schreibe die Wörter richtig über die Fehlerwörter.
7. Ich schreibe Teil für Teil so ab.

Ich kann wichtige Informationen oder einen längeren Text in Stichworten zusammenfassen.

So mache ich Stichworte:

- Ich lese einen Satz.
- Ich überlege, was die wichtigen Informationen in dem Satz sind.
- Die wichtigen Informationen erfrage ich mit:
  Wer? Was? Wie? Warum?
  Wohin? Wo? Wie lange?
- Ich schreibe zu den wichtigen Informationen Wörter und Wortgruppen auf.